加害者側弁護士、
損保社員、事故担当者のための

交通事故
損害賠償入門

京橋総合法律事務所・弁護士
松浦裕介／岩本結衣〔著〕

ぎょうせい

はしがき

平成17年の弁護士登録以降約20年にわたり、交通事故の加害者側の代理人として多くの訴訟や交渉を担当させていただきました。

その中で強く感じることは、加害者側の窓口となる損害保険会社や共済組合、タクシー会社等の担当者の苦労がいかに大きなものであるかということです。担当者の退職が相次いで引き継ぎも困難になってしまう、責任感の強い担当者に困難な事案が集中してしまう、担当者が心身の不調に陥り休職や退職をしてしまう……という場面を、これまで何度も目にしてきました。

もちろん、交通事故で苦しんでいるのは第一に被害者であるというのはそのとおりだと思います。しかし、加害者側の窓口となる担当者の方は、加害者本人に代わって被害者からの叱責を受けながら、お客様である加害者本人からは感謝されないばかりか時に苦情を言われることもあります。それだけでなく、保険代理店、病院、整骨院、修理工場、自賠責、労災、健保組合、弁護士等、一つの事故にかかわる膨大な登場人物との間で利害調整を図らねばなりません。これは機械にはとって代わることのできない重要な仕事ですが、こうした複雑な折衝がストレスの要因となっているようです。

また、弁護士の世界に目を向けると、交通事故の加害者側の事案は加害者本人ではなく任意保険会社とのつながりで受任することが多いため、必然的に特定の事務所に事案が集中することになります。そのため、経験の浅い若手が多くの事案を担当せざるを得ず、十分なスキルを身に付けられないまま業務に忙殺され、短期間で退職、移籍してしまうというケースもあるようです。

しかし、その一方では意気揚々と業務に取り組み、加害者側の仕事をすることに誇りとやりがいをもっているように感じられる方もいます。そうした方々の顔を思い浮かべながら、その違いを生んでいる最大の要因は何かと考えた時、「自分の判断に自信をもてているか否か」ではないかと思い至りました。

かつては、保険会社でも法律事務所でも、経験の浅いうちは担当事案の数を制限しながら、先輩が時間をかけてじっくりと指導するということができたのだと思います。しかし、残念ながら今はそのような時代ではなく、保険会社も法律事務所も、存続のためには過当競争の中で利益を確保しなければなりません。限られた人員と教育体制の中で、各人がいかに適切な判断をしていくかが重要になっています。

そのようなときに頼りになるのが書籍です。幸いにも巷には交通事故の損害賠償について解説した書籍が溢れています。しかし、その多くは静的な視点で知識を紹介するものや、被害者側の立場で交渉や訴訟のノウハウを解説したものです。

加害者側の対応で最も難しいのは、「目の前で日々発生し拡大していく損害に対して、どのように対応するのか」という、動的な判断が求められることだと思います。たとえば治療費を例にとっても、治療が終了し、訴訟に移行してカルテをとれば、いつまでの治療費について事故との相当因果関係が認められるかという議論はしやすくなります。しかし、それはあくまで事後的な評価であり、いわば結果論です。治療の継続中にその治療費を支払うか否かについては、限られた情報から、その時点での最善の判断をしていくほかありません。

ただ、経験豊富な担当者であれば、過去に経験した類似事例から最終的にどのような結末が予想されるかを推測し、そこから逆算をした対応をすることができます。こうした言語化しづらい経験則に基づく判断過程の一例や、適切な判断のために有益な知識をご紹介するというのが、本書の基本的なコンセプトです。

事故の態様や損害の程度は事案によって千差万別ですから、絶対的・普遍的なルールをお示しすることはできませんが、臨機応変に対応する際の一つの指針として参考にしていただければと思います。

本書が、交通事故加害者の賠償実務に携わる方にとって少しでもお役に立てば幸いです。

令和５年11月吉日

弁護士　**松浦　裕介**

目　　次

第１章　基礎知識

第２章　事故状況

第３章　人身損害

Ⅰ　治療費関係

第４章　物件損害

第５章　その他の対応

凡　　　例

赤い本	民事交通事故訴訟 損害賠償額算定基準（日弁連交通事故相談センター東京支部発行）
民集	最高裁判所民事判例集
交民集	交通事故民事裁判例集
判時	判例時報
判タ	判例タイムズ

第 1 章

基礎知識

Ｑ１　交通事故の損害賠償事案を取り扱うに際し、最低限必要な書籍は何か

A　いわゆる「赤い本」と、「別冊判例タイムズ38号」は必読である。医療面では「標準整形外科学」が参考になる。

［導入対話］

新人弁護士（以下、「新弁」という）　はじめまして、このたび○×法律事務所に内定をいただきました、新弁太郎です。ご指導のほどよろしくお願いします。

中堅弁護士（以下、「中堅」という）　はじめまして、こちらこそよろしくお願いします。ところで、うちの事務所では損害保険会社の仕事、特に交通事故の加害者側の事件が多いということは聞いていますか。

新弁　はい、面接の際に伺っています。できれば事務所に入る前に最低限の知識を身に付けておきたいと思うのですが、何を読んでおけばいいでしょうか。

中堅　立派な心掛けですね。まず、『民事交通事故訴訟　損害賠償額算定基準』（日弁連交通事故相談センター東京支部）、通称「赤い本」は知っていますか。全国の多くの裁判所ではこの本を基準にして損害の算定をしています。

新弁　はい、修習中に知りました。損害の算定基準についてはこの本一冊で足りますか。

中堅　実はそうでもないのです。そのことは後で詳しく説明します（Ｑ２を参照）。

新弁　赤い本は上巻と下巻に分かれているのですね。

中堅　下巻の内容もとても重要です。毎年東京地裁の交通専門部（民事27部）の裁判官が、テーマを決めて研究発表した講演録を掲載しています。過去の分までさかのぼって読めば、交通事故の典型的な論

点はほとんど網羅されているといってもいいでしょう。多くの判例を抽出して詳細に分析しているものも多く、とても参考になりますよ。

新弁　赤い本上巻の後ろの方に過失割合の表もありますが、過失割合についても赤い本があれば大丈夫ですか。

中堅　いえ、赤い本の過失割合の表は、あまり使うことはないかもしれません。

　過失割合については、別冊判例タイムズ38号の『民事交通訴訟における過失相殺率の認定基準（全訂５版）』（判例タイムズ社、2014年）が一番多く用いられています。

新弁　なるほど。この本の冒頭には、「東京地裁民事第27部における民事交通訴訟の実務について」という論稿がありますね。

中堅　あまり認知度が高くないかもしれませんが、この論稿はとてもよくまとまっています。加害者側・被害者側を問わず、交通事故の損害賠償をやるならまずはこれを最優先で読むといいと思いますよ。

新弁　わかりました。ところで、加害者側の立場では、症状の程度や事故との相当因果関係、治療期間の相当性を争うことが多いイメージがあります。でも、もともと医学知識がある人は少ないですよね。皆さんインターネット等で情報収集されるのでしょうか。

中堅　損害保険会社だと、MI などとよばれる医療専門のスタッフがいます。事案の担当者は医療専門スタッフや顧問医に適宜相談しながら事案対応しているようです。われわれ弁護士も、担当者を通じて、あるいは直接、医療専門スタッフや医師と話をすることもあります。

　あとは、やはり本で勉強することですかね。交通事故では整形外科の分野での争点が多く、一番おすすめなのは『標準整形外科学』（第15版。医学書院・2023年）です。ただし、これで十分とまではいえないので、さらに深い知識がほしい場合は、傷病名をたよりに別の書籍や文献を探すことになるでしょう。

新弁　わかりました。ありがとうございます。

解　説

1　赤い本

日弁連交通事故相談センター東京支部が毎年２月に刊行している書籍である。一般の書店やインターネットのショッピングサイトでは販売していないため、日弁連交通事故相談センター東京支部等で購入する必要がある（FAX申込みによる通信販売も可能）。平成17年版以降は上下巻に分かれているが、セットでの販売のみである。

上巻には主に損害賠償の算定基準が掲載されている。特に傷害慰謝料、後遺傷害慰謝料については、この上巻に掲載された金額を「裁判基準」と表現することも多い。また、巻末には自賠責保険の支払基準、後遺障害等級表、簡易生命表（年齢ごとの平均余命の算出に使用）、ライプニッツ係数、ホフマン係数、賃金センサス等の、損害算定に必須となる情報が掲載されている。

下巻には、毎年９月に行われる東京地裁交通専門部（民事27部）の裁判官による講演録が掲載されている。冒頭に部総括判事による近時の東京地裁民事27部における事件処理の概要（事件数や処理体制の変化等）についての解説があり、次いで４名程度の所属裁判官の講演録が掲載されている。また、令和２年版までは、医師、労働局の職員、損害保険料率算出機構の職員等による講演録も掲載されていたが、この内容も実務上大変参考になる。

なお、平成12年（2000年）から令和５年（2023年）までの講演の表題をまとめたものを本書末尾に掲載したので、ぜひ参考にしていただきたい。

2　別冊判例タイムズ38号（全訂５版）

平成23年から平成25年までの間に東京地裁民事27部（交通専門部）に在籍

していた裁判官が中心となり執筆された書籍であり、平成26年（2014年）に刊行された。全338の事故類型について、図を用いて基本的な過失割合や修正要素が解説されている。全国的に、訴訟と訴訟外の交渉とを問わず、過失割合の判断において最も重視されている書籍といえる。

なお、巻頭に掲載されている「東京地裁民事第27部における民事交通訴訟の実務について」はわずか20頁程度の論稿であるが、交通事故の訴訟における裁判所の基本的な実務運用が述べられているほか、自賠責や社会保険の制度紹介、刑事記録の取り付けまで、非常にわかりやすく、かつ具体的に解説されている。弁護士のみならず、損害保険会社等で交通事故の損害賠償にかかわるすべてのビギナーにとって必読といえる内容である。

3 標準整形外科学

交通事故事案で取り扱うことの多い整形外科分野の傷病について、広範に解説した書籍である。基本的には医学部生、卒後研修生向けであるが、骨・関節・筋・神経組織といった人体の基本的な構造に関する知識に加え、診断書に記載された傷病名が具体的にどのような病態で、どのような検査によって診断され、どのような症状があり、どのような治療が一般的なのかといった点について、基本的な知識を得ることができる。

およそ２年に１回ほどのペースで改訂されており、本書執筆時の最新版は第15版である。当然、最新版が最新の医学的知識を反映したものとはいえるが、旧版のほうが踏み込んだ言及がなされていることもあるので、情報の不足を感じた際には旧版を確認することも有意義な場合がある。

Ｑ２　損害賠償の算定基準にはどのようなものがあるか

A　大きく分けると自賠責保険基準、任意保険基準、裁判基準がある。任意保険基準では、一般的な対人賠償保険の基準のほかに人身傷害保険基準がある。また、裁判基準では赤い本、青本、緑のしおり、黄本の４種類の基準があり、地域によって用いる基準が異なる。

［導入対話］

新保　このたび、○×サービスセンターに配属されました新保次郎と申します。ご指導のほどよろしくお願いします。

課長　こちらこそよろしくお願いします。

新保　対人賠償の事案で相手方に賠償額の提示をする予定ですが、慰謝料等の基準がいろいろとあって、自分の中で整理ができていません。どの基準を用いればよいのでしょうか。

課長　なるほど、おさらいだけど、どのような基準があるかひととおりあげてくれるかな。

新保　自賠責保険基準、任意保険基準、裁判基準があります。自賠責保険基準は一律ですが、任意保険基準は各損害保険会社が独自の基準で定めています。裁判基準は赤い本によるものであり、主に裁判で用いられるものと理解しています。

課長　おおむねそのとおりかな。自賠責保険基準、任意保険基準、裁判基準では何が違ってくるかな。

新保　慰謝料が違います。ほかには入院雑費等ですかね。

課長　そうだね、治療費等の実費は変わらないけれど、慰謝料や入院雑費、付添費等１日いくらで計算されるものは基準によって金額が異なるよ。あと自賠責保険基準では職業の内容に関係なく、休業の必要性等を問わず休業の事実が確認できれば支払われ、その金額は一律6100円（2020年３月31日以前の事故では5700円）だけど、任意保険基準、裁判基準では、実際の収入を基に算定され、休業の必要性があったのかも議論になる。
　裁判基準については、全国的に用いられることが多いのは赤い本だけど、そのほかにも黄本、緑のしおり、青本があり、地域によっては赤い本以外を利用することもある。このサービスセンターの担当地域は、赤い本基準だね。
　君のいうとおり、裁判になれば裁判基準が用いられ、それ以外の基準は採用されないけれど、訴外の交渉では「どの基準を用いるべき」という決まりはないから、事案に応じて柔軟に対応することにしている。

新保　そうなのですね。では、事案ごとに、他の争点との兼ね合いも含めて検討したいと思います。

課長　自賠責保険の認定額よりも低額で提示をしてしまうと、いわゆる下回り示談となり、後に自賠責保険から回収を拒否されてしまうことがあるので、この点だけは注意してね。

新保　わかりました。ありがとうございました。

解　説

1　損害賠償の基準

　損害賠償の算定基準としては、主に自賠責保険基準、任意保険基準、裁判基準がある。

　自賠責保険基準とは、自賠責保険で用いられる損害賠償基準であり、一般的には任意保険基準や裁判基準より低額である。

　任意保険基準は、任意保険会社が独自に定めた基準である。なお、人身傷害補償保険で支払われる保険金の算定基準は対人賠償の基準とは異なり、各社が定めた規約に従い一律に支払われることになるが、この保険会社が支払った保険金の求償にも注意が必要である（Q31参照）。

〈慰謝料比較表〉

種類	表の区別		1か月通院	12か月通院	1か月入院	12か月入院
赤本	別表Ⅰ	骨折等他覚的所見がある場合	28万円	154万円	53万円	321万円
	別表Ⅱ	捻挫等他覚的所見がない場合	19万円	119万円	35万円	211万円
青本	表の区別はないが、 ①骨折等の他覚的所見がない場合は基準額の下限 ②大腿骨の複雑骨折または粉砕骨折、脊髄損傷を伴う脊柱の骨折等、苦痛や身体の拘束が強い場合は上限 ③その他通常の傷害の場合は基準の7割から8割。		16万円～29万円	106万～194万円	32万円～60万円	212万円～395万円
緑のしおり	通常	下記「重傷」事案以外 ※軽度の神経症状（例：むちうち症で他覚的所見のない場合等）の場合「通常」の3分の2程度。	27万円	166万円	53万円	308万円
	重傷	重度の意識障害が相当期間継続した場合、骨折又は臓器損傷の程度が重大であるか多発した場合	34万円	208万円	64万円	370万円
黄本	表の区別なし		25万円	152万円	50万円	313万円

裁判基準は、文字どおり裁判において用いられる基準であり、被害者が弁護士委任をした場合には、多くがこの基準で請求される。

裁判基準には以下の4種類がある。

① 日弁連交通事故相談センター東京支部『民事交通事故訴訟　損害賠償額算定基準』（通称「赤い本」）

② 日弁連交通事故相談センター『交通事故損害額算定基準』（通称「青本」）

③ 大阪弁護士会交通事故委員会『交通事故損害賠償額算定のしおり』（通称「緑のしおり」）

④ 日弁連交通事故相談センター愛知県支部『交通事故損害賠償額算定基準』（通称「黄本」）

一般的には①赤い本、②青本が主流とされているが、筆者の経験上、訴訟で青本が用いられた事案はなく、実質的には赤い本が広く用いられていると思われる。

③緑のしおりは主に大阪地裁で、④黄本は主に名古屋地裁で用いられるとされている。ただし、筆者の経験上、神戸地裁の案件でも緑のしおりが利用されたケースがある。関西近郊や名古屋近郊の事案では①～④のいずれが用いられるかを確認したほうがよいだろう。

なお、①～④では各損害費目の算定基準となる金額に差異がある場合も多いが、特に通院慰謝料の金額に差がみられる。前頁の〈慰謝料比較表〉のとおり①から④のⓐ1か月分の通院慰謝料、ⓑ12か月分の通院慰謝料、ⓒ1か月分の入院慰謝料、ⓓ12か月分の入院慰謝料を比較してみたので、参考とされたい（①～④の慰謝料の基準表の全体は各書籍を参照いただきたい）。

2 下回り示談とは

下回り示談とは、事故に遭った者の最終的な示談金額が自賠責へ被害者請求をした際に得られるであろう金額よりも低額であることをいう。この場合、保険会社は示談をした金額を支払ったとしても、自賠責保険金と支払金額の差額を埋めなければ、示談金を自賠責保険から回収できなくなることがある。

よって、保険会社の担当者としては、まず自賠責保険会社の認定予想額を試算したうえで、提示内容を検討するのが賢明であり、実際に多くの保険会社の担当者はこのように対応しているものと思われる。

Q 3　過失割合の判断基準にはどのようなものがあるか

A　**実務では主に別冊判例タイムズ38号が参考にされるが、自転車×自転車の事故等、事故類型によっては赤い本も参考になる。また、判例検索システムで同種の事故類型を検索し、過失割合の評価を検討することも有用である。**

［導入対話］

新保　過失割合を判断する際に基準になるものはありますか。

課長　別冊判例タイムズ38号かな。これは東京地裁の交通専門部の裁判官が裁判例を基に、交通事故の当事者の性質、事故態様・道路状況ごとに、事故当事者の過失割合の判断基準を類型化したものだ。また、赤い本や青本にも過失割合の解説箇所があり、別冊判例タイムズとは異なる過失割合の基準を採用している事故類型もあるよ。

新保　いろいろと基準があるのですね、まず初めにどれを参照すればよいでしょうか。

課長　実務上は別冊判例タイムズ38号が参考にされているよ。ただ、自転車同士の事故は、この文献には載っていないから、赤い本下巻に掲載されている「自転車同士の事故の過失相殺基準」（同書〔平成31年版〕159頁）が参考になるよ。

新保　なるほど、みてみます。ちなみに、別冊判例タイムズ38号で過失修正要素にされていない事情は一切考慮されないのでしょうか、また、別冊判例タイムズ38号や赤い本、青本に載っていない事故状況はどう判断すればよいでしょうか。

課長　これらはあくまでひとつの「基準」にすぎず、事案の個別具体的な事情を基に過失割合は判断される。

　また、別冊判例タイムズ38号は、全訂第５版が発刊されてから現時点で９年以上が経過している。その間に、自転車のヘルメット着用の努力義務が定められたり、電動キックボードの法改正があったりして、上記基準にあてはめられない事故類型や過失修正要素も出てくるだろう。

　別冊判例タイムズ38号、赤い本、青本のいずれにも記載がないような事故態様の場合は、私は判例検索システムのデータファイルを利用している。データファイルでは、争点や事故態様を選び検索をかけると、条件にあてはまる事故の裁判例一覧が表示される。完全に同じ事故態様はなかなかないけれど、類似の事例で裁判所は何を根拠に過失の有無や過失割合を認定しているかを確認し、過失割合の判断に役立てているよ。

新保　ありがとうございます。勉強になります。

解　説

1　過失割合の基準

　訴訟内、訴訟外を問わず、実務上、別冊判例タイムズ38号が過失割合の基準として参考にされている。

　一方、赤い本は日弁連交通事故相談センター東京支部が、青本は同センター本部が、各損害費目の算定基準をまとめたものであり、それぞれ過失割合の見解がまとめられている。

　同様の事故状況でこれらの基準に食い違いがみられる場合、基本的には別冊判例タイムズ38号の基準が採用されることが多い印象だが、明確な優先関係はなく、基本過失割合や修正要素を踏まえ、個別の事故態様ごとにより適した基準が採用されている。

　なお、これら基準に該当しない事故状況も当然あり得る。この場合には基本に立ち返り、類似の裁判例の有無を確認する。たとえばWestlaw Japanのデータファイルでは「交通事故損害賠償」の類型別検索システムがあり、争点ごとに類似の裁判例を検索可能である。「過失割合」で検索した場合、当事者の属性（四輪車、自転車、歩行者）と大まかな事故態様（交差点内の直進×右折の事故、駐車場内の事故等）を入れれば、その類型の事故が一覧表の形で確認できる。何か特殊事情がある場合には、上記事故類型検索に加えフリーワードに特殊事情を入れ検索範囲を絞ることが可能となるので、類似裁判例の検索には有用であろう。

上記の別冊判例タイムズ38号等の基準へのあてはめや類似裁判例との比較は、前提となる事故の情報を十分に収集したうえで行う必要がある。

解決を急ぐあまり、事故態様の確認がおろそかになり、個別の事情を考慮せず、本来用いるべきでない基準で提示した結果、示談ができず、裁判では過失の判断が訴訟外の提案と大きく異なるケースもたびたびみられる。

事案の担当者や事件を受任する弁護士としては、過失割合の判断基準の確定を急ぐのではなく、事案の聞き取りや客観証拠の確認を丁寧に行ったうえで、過失割合の判断を行うことが求められるだろう。

2　自転車、電動キックボード

(1)　自転車のヘルメット着用の努力義務

道路交通法改正により自転車のヘルメット着用の努力義務が定められ（道路交通法63条の11）、令和4年4月27日公布、令和5年4月1日に施行された。

従前、自転車がからむ交通事故では、自転車乗車時にヘルメットの着用が「一般化しているとはいえない」「定着しているとはいえない」等の理由でヘルメットの未着用を過失と評価しない裁判例がみられた（神戸地判平成31年3月27日交民集52巻2号427頁、大阪地判令和元年10月31日自保ジャーナル2062号13頁）。

一方、上記道路交通法改正の公布後にはスポーツタイプの自転車がからむ事故で被害者が頭部を負傷した場合、ヘルメットの未着用が結果に与えた影響を考慮し、自転車側に1割の過失相殺を行った事例が登場した（東京地判令和4年8月22日自保ジャーナル2137号28頁）。

この裁判例はスポーツタイプの自転車である点、主たる症状は頭部の醜状痕であったところ、ヘルメットを着用していれば頭部の負傷を防げた点を重視したものと窺われ、ヘルメット未着用の事案一般にあてはまるものではないと思われる。もっとも、今後、ヘルメット着用義務が世間一般に周知徹底された場合に、ヘルメット未着用は自転車側の過失要素になることは十分に想定される。

(2)　電動アシスト自転車をめぐる問題

道路交通法施行規則では、公道を走行できる「人の力を補うため原動機を用いる自転車」（一般的にいう電動アシスト自転車）の基準として、①搭乗者がペダルを漕がないと走行しない構造であること、②アシスト比率は人の力：電動力が最大で1：2であること、③時速24km までアシストしそれを超えるとアシスト機能を停止することなどが定められている。

過失割合の判断においても、上記の基準に該当する電動アシスト自転車については自転車と基本的に同様に判断されている。別冊判例タイムズ38号でも、「人の力を補うため原動機を用いるものであって、内閣府令で定める基準に該当するもの」は、自転車の基準を適用することとされている（52頁）。

ただし、同書では、自転車と四輪車との事故の場合において、自転車が「ここで想定している普通の速度（時速15km 程度）を大幅に超える速度（原動機付自転車の制限速度である時速30km 程度が目安になるであろう。）で走行していた場合」には、単車と四輪車との事故の基準を用いるとしている（383頁）。

また、近時、一見単車にもみえるような大型の電動アシスト自転車（電動モペットなどとも呼ばれる）が流行しており、また電動アシスト自転車として販売されている車両の中に上記の基準を大きく超える動力を有するものが含まれていることが指摘され、実際に多くの摘発事例が報道されている。また、国民生活センターもこれまで繰り返し違反車両の公表を行っており、令和5年10月25日には、インターネットで販売されている電動アシスト自転車10銘柄を調査したところ、うち6銘柄が①の基準に反し人の力をほとんど要さずに加速可能であったこと、うち９銘柄が②の基準を超えるアシスト比率となっていたことなどを公表した（同センター報道発表資料〈https://www.kokusen.go.jp/pdf/n-20231025_1.pdf〉）。

このような道路交通法の基準に合致しない電動アシスト自転車での走行中に事故が発生した場合、もちろん事故状況にもよるであろうが、車道での事故であれば、原動機付自転車として登録をしていなくても単車と同じ基準が適用されることが予想され、また歩道を走行していた場合にはさらに大きな過失が問われることも予想される。

事故当事者の車両が電動アシスト自転車であった場合は、上記の基準に合致した車両であるのか、そうでないとすれば原動機付自転車としての登録（ナンバーの取得）等の法令上必要な手続を行っているのか、確認することが重要であろう。

⑶　電動キックボードの過失の判断基準

従前、電動キックボードは原動機付自転車に分類されていたが、令和５年７月１日施行の道路交通法では、以下の条件を満たす電動キックボードは「特定小型原動機付自転車」に分類されることとなった。

- 車体の長さ：190センチメートル以下
- 車体の幅：60センチメートル以下
- 原動機として、定格出力が0.60キロワット以下の電動機を用いること
- 時速20キロメートルを超えて加速することができない構造であること
- 走行中に最高速度の設定を変更することができないこと
- オートマチック・トランスミッション（AT）であること
- 最高速度表示灯（灯火が緑色で、点灯または点滅するもの）が備えられていること

電動キックボードでも①上記基準を満たさないものは原動機付自転車に、②上記基準を満たすものは特定小型原動機付自転車にそれぞれ分類されるこ

ととなった。また、特定小型原動機付自転車のうち、次の基準を満たすものは特例特定小型原動機付自転車に分類されることとなった。

・最高速度表示灯を点滅させること

・時速６キロメートルを超える速度を出すことができないこと等

この点、別冊判例タイムズ38号では、電動キックボード自体の過失割合を定めた類型はないが、原動機付自転車に分類されるものについては、「単車」と評価し過失割合が判断されるだろう。

一方、（特例）特定小型原動機付自転車については、16歳以上という年齢による利用制限はあるものの、運転にあたり免許取得が不要である点、ヘルメットの着用が努力義務である点、車道、自転車道、自転車専用通行帯、自転車通行可能な歩道（特例特定小型原動機付自転車に限る）を通行できる点から、原動機付自転車というよりは通常の自転車に類似すると考えられ、「自転車」の基準をベースにしつつ適宜過失割合を加重して判断するという解釈もあり得るのではないだろうか。

電動キックボードの過失割合については今後の判例の集積が待たれる。

Q４　治療費の算定基準にはどのようなものがあるか

A

自賠基準、労災基準、健康保険基準、自由診療基準がある。

労災基準、健康保険基準は１点あたりの単価や点数が固定されており、自賠基準も一定の定めがあるが、自由診療基準は病院が任意に金額を設定している。しかし、損害賠償との関係では損害の相当性が求められるため、特段の事情もないのに単価が一般的な基準と比して著しく高額な場合には、損害の相当性が否定されることがある。

［導入対話］

新保　今回担当する人損案件で被害者の治療費が労災から出ているようですが、前に担当した案件と算定基準が違うようです。そもそも治療費はどのように決まるのでしょうか、何か基準があるのでしょうか。

課長　大きく分けると４種類あるかな。１つ目が健康保険基準。１点単価は10円で計算され、算定基準も細かく定められている。

２つ目は労災基準。基本的には健康保険の枠組みに沿って算定されるけれど、労災の場合、１点単価は12円になる。初診料は3820円、再診料は1400円等、健康保険とは異なり点数ではなく金額で定められる項目（労災特掲料金）もある。

３つ目が自賠基準。薬剤等「モノ」については、点数×１点単価12円を採用し、それ以外の技術料については労災基準の1.2倍が基準とされている。つまり、健康保険基準と比較すると、労災保険基準が1.2倍、自賠基準はおおむね1.44倍程度となる。

４つ目が自由診療の基準。これは基準というよりも、個々の病院が任意に点数等を設定している。健保や労災で通院している場合でも、診断書料等、健康保険や労災保険が適用外になるものはこの自由診療基準で算定される。経過診断書、診療報酬明細書だといずれも5000円程度（税別）など、だいたいの相場があるけれどね。

新保　被害者の方が健康保険や労災保険を使う場合は、文書料等、基準がないもの以外は交通事故の治療であっても健康保険、労災保険の基準になるわけですね。

課長　そのとおり。受傷否認の場合や、被害者の過失がそれなりに大きいと見込まれるケースなどで加害者側の任意保険会社が一括払いを行わない場合、被害者側で治療費を負担し、治療終了後に賠償請求することになる。この場合、自賠基準よりも治療費が低額になる健康保険が用いられることが多い。通勤中や業務中の事故であれば労災保険が使われることもある。治療費に健康保険や労災保険を用いた場合、保険代位による求償の問題が生じるけれど、それはまたの機会に勉強しよう。

　では、保険会社が治療費の支払いを一括払いする場合はどの基準で算定されると思うかな。

新保　健康保険基準でしょうか。一番一般的だと思うので。

課長　残念、不正解だ。自賠基準が一番多い。保険会社が一括払いする場合には医療機関は基本的に自賠基準で請求をするといってもいい。自賠基準は健康保険基準や労災保険基準よりも治療費が高額になる傾向にあるから、医療機関にメリットがある。だから医療機関は自賠基準を採用することが多く、保険会社も基本的にはその単価で了承している。

　しかし、独自の基準で請求をしてくる医療機関も稀にあって、この場合は損害の相当性が問題になりやすい。なぜだと思うかな。

新保　病院ごとに治療費の基準が設定できるので、病院によっては自賠基準を超えるような算定方法で、過大な治療費を請求するケースもあるからだと思います。

課長　そのとおり、あくまで損害としての治療費相当額は交通事故と相当因果関係にある範囲に限られる。診療契約の当事者はあくまで医療機関と患者なので、裁判上も、患者と病院の間で１点単価等、治療の内容を合意していたとしても、加害者がこれに拘束されることはなく、相当な範囲を超える部分については加害者は賠償義務を負わないと考えられている。

新保　つまり、一般的な治療費の計算方法に引き直して算定するということですか。

課長　そのとおり。高額な治療費が問題となっている事案で、裁判所が健康保険基準に引き直して計算した事例もある。

　1点単価が健康保険基準と乖離が大きい場合や、消炎鎮痛処置に加えて鍼灸費、マッサージ費などで独自の金額を加算している場合等、健康保険とは異なる算定基準を採用している場合には、治療費についても争う必要があると思われるため、診療報酬明細書での確認を怠らないようにね。

新保　今回も大変勉強になりました、ありがとうございます。

解　説

1　治療費の基礎知識

治療費の基準としては、①健康保険基準、②労災基準、③自賠基準、④自由診療基準がある。

治療費の定め方は、基本的には1点あたりの単価×個々の医療行為ごとの点数で定められるが、基準によっては医療行為の一部は一定の金額で定めていることもある。

診療報酬の金額としては、大まかにいえば、自由診療基準＞自賠基準＞労災基準＞健康保険基準となる。それぞれの特徴は以下のとおりである。

(1)　健康保険基準

健康保険を利用して医療機関で治療を受ける場合に用いられる基準である。患者は健康保険診療を受けた場合、医療機関に一部負担金を支払う（健康保険法74条）。

健康保険基準は保険会社が一括払いをしなかったり、被害者側の過失が大きい事案で、被害者が病院に支払う治療費を抑えたい場合に用いられる。

なお、稀に交通事故事案では健康保険は利用できないと被害者に説明する病院がみられるが、保険医療機関は患者から被保険者証を提出された場合には保険診療を拒否することはできず、保険医は保険診療方針を設定し、患者に対し、医学的、経済的、社会的に適切な診療を行う義務を負うとされる（江口保夫＝江口美葆子＝古笛恵子『交通事故における医療費・施術費問題〔第３版〕』（保険毎日新聞社、2019年）86頁）。

個別の事案における判断にはなるが、健康保険診療を拒否した医療機関に対し患者側に慰謝料を認めた裁判例も存在する（大阪地判昭和60年６月28日交民集18巻３号927頁）。

１点単価は10円であり、個々の医療行為ごとに点数が設定されている。個々の詳細は、厚生労働省が発行する診療報酬点数表を参考にされたい。なお、交通事故の事案で登場することの多い消炎鎮痛処置を例としてあげると、以下のとおり細かな定めがある。

〈消炎鎮痛処置の健康保険上の算定基準〉

・マッサージ等の手技による療法35点、器具等による療法35点、湿布処置35点が消炎鎮痛処置とされる。同一患者につき同一日においてこれら療法のうち２以上の療法を行った場合は主たる療法の所定点数のみを算定する。

・消炎鎮痛等処置は、疾病、部位または部位数にかかわらず、１日につき所定点数により算定する。

・マッサージ等の手技による療法は、あんま、マッサージおよび指圧による療法をいう。

・器具等による療法は、電気療法、赤外線治療、熱気浴、ホットパック、超音波療法、マイクロレーダー等による療法をいう。

・消炎鎮痛を目的とする外用薬を用いた処置は湿布処置として算定するが、診療所で入院中の患者以外の患者に半肢の大部または頭部、頚部および顔面の大部以上にわたる範囲の湿布処置が行われた場合に限り算定できる。患者本人や家族に行わせて問題ないとされる湿布は必要量を外用薬として処方すれば足り、別途湿布処置として算定できない。
・区分番号C109に掲げる在宅寝たきり患者処置指導管理料を算定している患者（入院中の患者および医療型短期入所サービス費または医療型特定短期入所サービス費を算定している短期入所中の者を除く）に対して行った消炎鎮痛等処置の費用は算定しない。

上記基準に従えば、消炎鎮痛処置は異なる部位に異なる内容の消炎鎮痛処置を施したとしても一律に1日あたり35点で計算される。たとえば、膝にマッサージを、首にホットパック等の器具等による療法を受けても、消炎鎮痛処置の点数は35点であり、70点にはならないということになる。

⑵　労災基準

労災保険の療養給付を利用して医療機関で治療を受ける場合に用いられる診療費の基準である。

交通事故事案では、営業回りや配達等の業務中や、通勤中の事故の場合に労災保険が利用できる。

基本的な考え方は健康保険基準と同様とされるが、労災基準では1点単価は12円であり、初診料や再診料は点数評価ではなく直接金銭評価したり、入院基本料について入院日から2週間は健康保険点数の1.3倍で算定するなど、独自の基準を設けている箇所もある。

健康保険基準との相違点等については、厚生労働省の労働基準局補償課が出している「労災診療費算定マニュアル」（令和4年4月版）〈https://www.mhlw.go.jp/content/000763878.pdf〉を参照されたい。

(3) 自賠基準

自賠基準は、交通事故の診療単価について自動車保険料率算定会・日本損害保険協会・日本医師会の三者間で合意した診療報酬基準である。

内容としては以下のとおりである。

- 診療報酬体系は労災保険診療費算定基準に準拠
- 薬剤等「モノ」と「その他技術料」を分離して評価する
- 「モノ」は１点単価12円とする。「モノ」には薬剤（内服薬・外用薬・注射薬・試薬）、酸素・窒素、血液、フィルム代、衛生材料、特定保健医療材料が含まれる。
- 「その他技術料」は、労災基準に20％上乗せした金額を上限とする。「その他技術料」は、①点数表示される注射手技料、検査料、創傷処置料等の技術料、②金額で示される初診料、再診料、再診時療養指導管理料、入院時食事療養費等の労災特掲料金等である。

自賠基準は各医療機関が個々に採用を判断する方式（「手上げ方式」）を採用しており、個々の医療機関が自賠基準に拘束されるものではない。

なお、平成23年の時点では、自賠基準を採用する医療機関は６割にとどまっていたとされているが（平成23年１月14日開催の第128回自動車損害賠償責任保険審議会議事録参照）、筆者の感覚では、現在は健康保険や労災保険を使用しない場合には、大部分に自賠基準が採用されていると思われる。平成23年以降、自由診療基準で算定された治療費について、損害の相当性の観点から、１点単価を10円に引き直す等一部減算して認定した裁判例（後掲）が登場したことも影響したのではないかと考える。

(4) 自由診療基準

自由診療基準は各医療機関がそれぞれ自由に診療費を設定したものである。

交通事故の事案では、最も多く用いられるが、各々が任意に診療報酬の基準を設定できるがゆえに、高額な診療報酬になる場合も多く、後述のとおり損害の相当性がしばしば問題となる。

2 治療費と損害の相当性

健康保険基準、労災基準、自賠基準で治療費を算定した場合は、診療単価の相当性が問題となることは少ない。

問題は自由診療基準である。診療報酬契約は患者と医療機関との間で締結され、自由診療基準では、診療報酬は病院が自由に設定できる。

ただし、患者との間で締結された自由診療契約に基づき設定された治療費が、そのまま交通事故による損害として認められるものではない。

［導入対話］で課長が指摘したとおり、治療費が、交通事故と相当因果関係を有するものとして、損害にあたるといえるためには、治療費の相当性が要求される。

ここで、高額な医療費の損害としての相当性が争われた事案を２つ紹介する。

(1) 東京地判平成23年５月31日自保ジャーナル1850号１頁

１点単価が25円と設定された治療費について、一括払いをした保険会社が医療機関に対し不当利得返還請求を行った事案である。

裁判所は、交通事故と相当因果関係が認められる損害と認める診療報酬単価は、「健康保険法に基づく診療報酬体系が一応の基準になる」としつつ、「問題となる診療行為が、独自の先進的治療法である等、健康保険法の診療報酬体系を基準とするのが相当でない合理的事情が存する場合」には、「当該事情を考慮し、上記基準に修正を加えて、相当な診療報酬額を決するのが相当と言うべきである」と述べた。

そのうえで、「被害者らの受傷の程度、症状、所見に照らせば、本件の被害者らが重篤な症状をもった患者であったということはできないし、その治療にあたって、一般的な治療では困難を伴い、高度に専門的な知識や技量を要したとはいえない」とし、健康保険に基づく診療報酬単価を修正すべき事情があるとはいえないと述べ、診療報酬単価を10円と認定して、差額相当額の不当利得返還請求を認容した。

(2)　東京地判平成25年８月６日交民集46巻４号1031頁

交通事故加害者への損害賠償請求訴訟で、治療費の相当性が問題となった事案である。被害者が通院していた医療機関では、診療報酬単価が25円とされ、すべての通院日に理学療法（Ⅳ）複雑115点が加算され鍼療法4200円（２回分を除く）とマッサージ療法2100円を併用して実施したとされるなど、健康保険とは異なる基準で治療費が算定されていた。

裁判所は、「実施された治療内容について、交通事故の加害者が被害者に対して不法行為責任に基づいて賠償すべき治療費の額は、当該事故と相当因果関係があると認められる範囲に限られる」、「交通事故の被害者が病院との間で一定の算定方法により算定された額の治療費を支払う旨の合意をしたとしても……加害者は、当該合意に拘束されるものではないから、相当な範囲を超える治療については賠償義務を負わない」と明示した。

また、被害者の症状経過や治療経過を勘案し、「原告の傷害に対する治療は、健康保険に基づく治療の範囲により実施することも十分可能なものであった」とし、このような場合には、賠償すべき相当な治療費の額を判断するうえで、「健康保険表に基づく診療報酬体系による算定方法が一応の基準になる」とした。

そのうえで、１点単価を10円とし、上記理学療法、マッサージ療法、鍼療法の併用については、35点を超える理学療法の点数部分およびマッサージ療法の治療部分を減算するなど、健康保険基準とは異なる基準は健康保険基準の限りで損害として認定した。

(3)　小　括

このように、高額な単価で治療費が請求されたケースでは、裁判所は健康保険基準を重視し、患者の傷害の程度や症状経過に鑑みて、健康保険では対応できない治療等を行う必要性があったかを厳格に判断している。

よって、高額な治療費が請求されている事案で、治療費の相当性を判断するにあたっては、治療費算定の根拠となる治療が被害者の治療に必要であったのか、健康保険で対応できないものであったのかを検討するとともに、１点単価や算定基準が健康保険基準と著しい乖離がないかを検討する必要があり、診療報酬明細書の記載の確認は重要である。

特に損害保険会社が一括払いをしている場合、医療機関や被害者への連絡、被害者からの必要書類の取り付け等の初動対応を終えた後は、診療報酬明細の内容をよく確認せずに毎月機械的に治療費を払うという状態に陥りがちである。

この場合、治療終了後に治療費の損害としての相当性が問題となり、被害者との間で治療費の減額を折衝しようとするが、被害者側としては実費の減額には応じがたいうえ、治療費の金額および単価を知らないまま治療を受けているケースもあり、治療費の減額に応じられないとして結局、訴訟に至るケースもめずらしくない。

このような事態を防止するためには、診療報酬明細の内容を確認し、治療費が不相当に高額な場合は、その病院に対しては一括払いを行わないという選択もあると考える。この場合、事前に被害者に丁寧に事情を説明し、被害者に病院を変えるか、または病院を変えないまま被害者自身が治療費を病院に支払った後に加害者に対し請求するかを任意で選択してもらうことが重要である。

Q5　後遺障害の基準にはどのようなものがあるか。逸失利益はどのように算定されるか

A　後遺障害には自賠責保険と労災保険の2つの基準が存在するが、自賠責保険の後遺障害認定は労災保険の等級認定方式に依拠しており、両者の後遺障害等級表は基本的に同じものである。自賠責保険の後遺障害認定は裁判上も重視される傾向にある。

逸失利益は基礎収入×労働能力喪失率×労働能力喪失期間で算定される。基礎収入は有職者の場合は基本的には事故前年の収入で算定するが、変動が大きい場合などは事故直前3年間程度の収入を平均することがある。主婦や学生の場合には賃金センサスを用いることが一般的である。また、労働能力喪失期間の算定にはライプニッツ係数が用いられる。

［導入対話］

新保　後遺障害認定のことで質問させてください。自賠責保険と労災保険の後遺障害別等級表を見比べていたら、同じ等級内の枝番や号数の付け方に差があるものの、内容的には同じだと思います。自賠責保険と労災保険は同じ後遺障害認定基準を採用しているのでしょうか。

課長　まず、君の言うように自賠責保険の後遺障害別等級表と労災保険の後遺障害別等級表は基本的に同じものだよ。これは自賠責保険の制度ができた際、先行していた労災補償制度の等級評価方式に自賠責が倣ったためだ。後遺障害の認定基準についても基本的に自賠責保険は労災保険の認定基準を踏襲している。ただ、労災保険の後遺障害は仕事への支障の程度を重視するのに対し、自賠責保険は被害者は有職者に限られないので、具体的な認定の中で観点が異なる場合はある。たとえば、高次脳機能障害はその典型だね。

新保　なるほど。同じ事案で労災保険と自賠責保険の両方で認定手続を

行ったら、両者の間で情報共有して同じ認定結果にするのでしょうか。それとも違う結果になることもあるのでしょうか。

課長　自賠責保険と労災保険とで認定結果を統一するような制度にはなっておらず、基本的にはそれぞれが独自に等級の判断をすることになる。実際のところ、自賠責保険で後遺障害非該当でも労災保険で後遺障害が認定されるケース、労災保険では自賠責保険よりも上の等級が認定されるケースは結構みかける。でもその逆は私はほとんどみかけないな。

新保　自賠責保険も労災保険も強制保険ですが、労災保険のほうが被災者保護という側面が強いのでしょうかね。それでは、自賠責保険と労災保険とで後遺障害の認定が異なる場合、裁判所はどちらの認定を採用するのでしょうか。

課長　大前提として、裁判所は理論的には自賠責保険の判断にも労災保険の判断にも拘束されない。だから、どちらとも違う判断をすることも差し支えない。

ただ、実際には裁判でも自賠責保険の後遺障害認定どおりとされる例が非常に多い。裁判所では労災保険の判断も一応検討はするけれど、自賠責保険と労災保険の判断が異なる場合、自賠責保険の判断を優先する傾向にあると思う。

新保　なるほど。では、自賠責保険の結果をみておけばほぼ間違いないということですね。

課長　自賠責保険が非該当で労災保険で後遺障害が認定された場合に被害者が労災認定を前提に請求してきたときは、基本的に自賠責保険の認定を重視して交渉を進めたほうがよい場合が多いとは思う。だけど、自賠責保険の判断が明らかに誤っているのではないか、と思うケースもある。自賠責保険は外貌醜状以外は書類だけの審査なのに対し、労災保険は基本的に全件で面接をしているという違いもあるから、常に自賠責保険のほうが正しいとはいいきれない。

ほぼ確実にいえるのは、自賠責保険と労災保険とで判断が分かれているということは、後遺障害の判断が微妙なケースであるということ。内容的にどちらが正しいのか、医療記録をしっかり読んで、経験豊富なスタッフや弁護士に相談することが大事だと思うよ。

新保　なるほど、ありがとうございます。勉強になります。もう一点、逸失利益についても質問させてください。

研修では、逸失利益は、基礎収入×労働能力喪失率×労働能力喪失期間で算定し、基礎収入については、基本的に事故前年での収入で評価すると習いました。勉強のために過去の事案をみていたら、基礎収入を賃金センサスなるもので算定しているものがありましたが賃金センサスとは何でしょうか。

課長　賃金センサスは毎年厚労省が実施している「賃金構造基本統計調査」の結果から労働者の性別、年齢および学歴等に応じてその平均収入をまとめたものだよ。一般的には被害者が主婦の場合は、女性の学歴計全年齢賃金センサスを使う。また、30歳未満の若年労働者の場合は賃金センサスの男女別全年齢平均による算定が原則とされているよ。

新保　賃金センサスだと性別や年齢による分類のほかに学歴による分類がありますが、学生の場合にはどの基準を使うのが一般的でしょうか。

課長　最終学歴が把握できる場合には、その最終学歴で評価するけれど、小学生や中学生では、たとえば「事故がなければ大学を卒業していた」こと等、事故がなければその最終学歴だったことを立証できない限り、学歴計で評価することが多いと思う。

新保　ありがとうございます。ところで、労働能力喪失期間について症状固定時から67歳までの年数を単純に掛けるのではなく、「ライプニッツ係数」という係数を用いるのはなぜでしょうか。

課長　逸失利益は後遺障害による将来にわたる労働能力喪失部分（減収

部分）を損害として評価するもので、通常は一時金の形で受け取るものだよね。そうすると、本来は将来的に受け取る金銭をいわば前払いした形となり、その金銭を運用した場合に利息が増加するのだから、現在受領する金銭から増加する利息分を控除する必要がある。これを中間利息控除というのだけれど、この際に用いられるのがライプニッツ係数だよ。同じく中間利息控除の計算に用いられるものとしてはホフマン係数があるけど、逸失利益は基本的にライプニッツ係数を用いて計算されるよ。

新保　そういうものだったんですね、頭がすっきりしました。

解　説

1　後遺障害認定

(1)　労災保険と自賠責保険の後遺障害認定の相違点

自賠責保険の後遺障害認定制度は労災保険の後遺障害認定制度に倣って制定されたものであり、後遺障害別等級表の内容は基本的には同一である。

後遺障害別等級表の記載は抽象的なものが多く、労災保険では通達により詳細に定められている。具体的な後遺障害認定基準については、一般財団法人労災サポートセンターの発行する『労災補償障害認定必携』（本書執筆時点の最新版は、2020年刊行の17版）が参考になる。頻繁に改訂が行われているため、その事故に適用される基準を適切に把握できるよう、過去の版も含めて揃えておくとよい。

自賠責保険では、自動車損害賠償保障法16条の３に基づき定められた「支払基準」で「等級の認定は、原則として労働者災害補償保険における障害の等級認定の基準に準じて行う」とされており、基本的には自賠責保険の後遺障害認定基準は労災保険の基準に準拠することになる。

もっとも、労災保険は使用者の指揮命令の下で就労する者を対象に、労働能力への支障を中心に考えられており、その本質は被災者の労働能力喪失部分を補償する制度であるため、被害者救済の要請が強い。

一方、自賠責保険は就労の有無に制限はなく、年少者から高齢者までを広く対象にしているうえ、労災保険のように労働能力の支障に限らず社会生活全般への支障を考慮する必要がある。

このような制度趣旨や対象範囲の相違から、自賠責保険と労災保険で異なる判断基準を採用する場面が生じる。

たとえば、高次脳機能障害については、労災保険では「高次脳機能障害整理表」に従って意思疎通能力（記銘・記憶力、認知力、言語力等）、問題解決能力（理解力、判断力等）、作業負荷に対する持続力・持久力、社会行動能力（協調性等）の４つの能力をＡ（「多少の困難はあるが概ね自力でできる」）からＦ（「できない」）の６段階で評価し、３級から14級までの等級評価を行う。また、重篤な高次脳機能障害により介護を要する場合には、常時介護が必要か随時介護にとどまるかにより１級または２級の等級認定を行う（労災保険における障害等級認定基準（平成15年８月８日基発第0808002号厚生労働省労働基準局通達））。

一方、自賠責保険では、高次脳機能障害については等級認定における「基本的な考え方」（高次脳機能障害認定システム確立検討委員会「自賠責保険における高次脳機能障害認定システムについて（報告書）平成12年12月18日」）に基づき、別表第１の１級１号から別表第２の９級10号までの等級評価を行う。

⑵　労災保険・自賠責保険の後遺障害認定と裁判所の後遺障害認定の関係

裁判所の判断は自賠責保険や労災保険の後遺障害認定に拘束されるものではないが、自賠責保険の認定を重視する傾向にある。

そのため、たとえば自賠責保険で後遺障害非該当とされ労災保険で後遺障害14級と認定された場合、自賠責保険と同じく非該当の判断となることが多い。

もっとも、労災認定に依拠して後遺障害の存在を認めた裁判例も少なからず存在し、労災認定も後遺障害の存否、内容を推認させる判断資料になり得る。［導入対話］で課長が述べているように、自賠責の判断が常に正しいものとは限らない。後遺障害の存否が争われる事案では、自賠責保険・労災保険の認定のみを考慮するのではなく、被害者の医療記録を送付嘱託等で入手し、症状の程度や治療内容、通院経過、既往症の有無から後遺障害の存在を慎重に判断する必要があると考える。

2 逸失利益

(1) 基礎収入

逸失利益とは、後遺障害により労働能力に支障が生じた場合、将来にわたって生じる労働能力の喪失分を損害としてとらえたものであり、逸失利益の基礎収入とは、事故がなければ得られていたであろう収入である。基礎収入は、原則として事故前年の収入で判断されるが、賃金センサスが用いられる場合もある。

賃金センサスとは、賃金構造基本統計調査規則（昭和39年4月労働省令第8号）に基づき、労働者の雇用形態、就業形態、職種、性、年齢、学歴、勤続年数、経験年数等によって平均収入をまとめたものである。逸失利益の算定に用いられるのは性別別、学歴別、年齢別の賃金センサスである。

被害者が主婦の場合や30歳未満の若年労働者、学生、年少者の場合には、基礎収入には賃金センサスが用いられることが原則である。

その他、基礎収入の詳細については、Q23を参照されたい。

(2) 労働能力喪失率

労働能力喪失率とは、後遺障害による労働への支障の程度を示すものである。自賠責保険の「後遺障害別等級表・労働能力喪失率」では等級ごとに労働能力喪失率が定められている。

実務上この基準が参考にされているが、減収の程度や被害者の実際の業務への支障の程度から、この基準と異なるパーセンテージで労働能力喪失率を認定する裁判例も散見される。

(3) 労働能力喪失期間

労働能力喪失期間とは、後遺障害の影響によって労働能力に支障が生じる期間をいう。

症状固定時から67歳までを就労可能期間と解するのが原則であるが、被害者が高齢者の場合は、「症状固定時点の年齢から67歳までの期間」と「症状固定時点の平均余命の２分の１」のうちどちらか長いほうが労働能力喪失期間とすることが一般的である。

また、年少者等未就労者の場合は、症状固定時点の年齢ではなく、原則として18歳を始期として算定する。大学や専門学校等に進学している、あるいは進学することを前提とする場合は、学校を卒業する時点の年齢を始期として算定することが一般的である。

［導入対話］で課長が指摘するとおり、逸失利益の算定では中間利息を控除する必要があり、実務上は赤い本に掲載される労働能力喪失期間に対応するライプニッツ係数を用いて中間利息控除を行う。ライプニッツ係数は中間利息を複利計算により控除する方式である。中間利息を単利計算により控除する方式（ホフマン係数）も存在するが、平成11年の東京地裁、大阪地裁、名古屋地裁の三庁共同提言で特段の事情のない限りライプニッツ係数を使用することとされた。2020年４月１日施行の民法改正に伴い、ライプニッツ係数に用いられる中間利息も従前の年５％から年３％に変更されている。2020年４月１日以降に発生した交通事故には、変更後のライプニッツ係数が用いられる。

(4) 定期金賠償

逸失利益の算定において、中間利息を控除せずに毎月一定額を加害者から被害者へ支払う旨の定期金賠償を被害者側から求められることがある。

この点に関して最判令和２年７月９日民集74巻４号1204頁は、後遺障害逸失利益について定期金賠償を認めたが、最高裁は４歳の子どもが高次脳機能障害により労働能力を全部喪失するという重篤な後遺障害を負ったという事案の特殊性を重視したものと窺われる。この判決をもってあらゆる後遺障害事案において定期金賠償が認められたと判断するのは早計であろう。

定期金賠償は、中間利息が控除されない点で一見被害者に有利なようにもみえるが、加害者側（保険会社）の資力低下による回収リスクや、金銭のやりとりだけとはいえ、長期間にわたり加害者側との関係が続くことの心理的負担などのデメリットもある。また、定期金賠償の場合、口頭弁論終了後の事情変更が生じた場合には判決の変更を求める訴えを提起することができるため、たとえばインフレ時には被害者側から増額を求めることも考えられるが、逆にデフレ時には加害者側から減額を求められる可能性もあり、当事者双方にとって紛争の終局的な解決にならないという問題がある。

このためか、あるいは上記のとおりライプニッツ係数が中間利息年３％の数値に改められたことの影響もあってか、上記の最高裁判例が出た後も、被害者側が定期金賠償を求める事例は決して多くはない。

定期金賠償がどのような場合に認められるのかは、今後の実務の趨勢を慎重に見極める必要があり、当面は基本的に従来どおり一時金賠償方式で対応することで差し支えないと思われる。

Q6　交通事故の紛争解決手段としてどのようなものがあるか、その相違点は何か

A　交渉、調停、訴訟、ADR（裁判外紛争解決手段）として交通事故紛争処理センターが実施する和解あっせん、日弁連交通事故相談センターが実施する示談あっせんがある。手続の流れ、当事者に対する拘束力等の点で大きな違いがある。

［導入対話］

新保　このたび、交通事故紛争処理センターの和解あっせんを被害者の代理人弁護士から申し立てられており、協議をしていましたが調わず、審査に進むことになりました。審査の結果には応じなければならないのでしょうか。

課長　研修の時にはどう習ったかな。

新保　確か、申立人が審査内容に納得すれば応じなければならなかったように思いますが、日弁連交通事故相談センターの示談あっせんと混同してしまっているような気がして……。

課長　君の理解で合っているよ。でも全体的におさらいをしておこうか。そもそも交通事故の紛争解決手段としてどのようなものがあるかな。

新保　まず交渉、調停、訴訟があります。交渉は任意で、調停・訴訟は裁判所を介して行われます。そのほかにADR（裁判外紛争解決手段）として交通事故紛争処理センターと日弁連交通事故相談センターの示談あっせんがあります。

課長　そうだね。まずは交渉から始まることが多く、交渉がまとまらなければそれ以外の手段を検討する。加害者側に損害保険が付されている場合は、私の経験上は、調停や日弁連交通事故相談センターの示談あっせんはあまり利用されず、訴訟か交通事故紛争処理センターに移行することが多い印象だよ。その理由はわかるかな。

新保　調停では裁判所が間に入るとしても当事者が合意しなければ話がまとまらず、調停に相手方が欠席してしまえば手続を進めることができないためだと思います。

また、日弁連交通事故相談センターの示談あっせんは損害保険会社に対する拘束力はないため、終局的な解決ができない事例があるからだと思われます。

課長　そうだね。訴訟でも和解で終わることが多いけれど、和解できない場合には裁判所が判決を出すから、その判断に当事者は従うことになるね。

交通事故紛争処理センターでは、まず示談あっせんを行い、不調の場合は審査へと手続が進んでいく。審査まで進んだ場合は、日本損害保険協会と紛争処理センターとの協定によって損害保険会社は審査会の裁定を尊重することになっている。仮に和解あっせんの協議が調わない場合、保険会社側は訴訟移行の要請という手段はあるものの、審査まで進みその審査の裁定に申立人（被害者）が同意すれば保険会社側はそれを拒否することが制限されている。この点が、被害者側が紛争処理センターを利用するメリットになっている。

新保　なるほど、ありがとうございます。頭の整理ができました。

解　説

はじめに

交通事故の損害賠償請求の紛争解決の方法は、①当事者間で合意するか(示談、和解等)、②合意によらず第三者の判断に当事者が従うかの２択である。

紛争解決手段としては交渉、調停、訴訟、ADR（交通事故紛争処理センターの和解あっせん、日弁連交通事故相談センターの示談あっせん）があげられ、交渉、調停は①、訴訟は②に分類される。ADR は基本的には①だが、各運営機関と協定を結んだ損害保険会社や共済との関係では、②の性質も帯びることになる。以下ではそれぞれの手続の概要を紹介する。参考までに、手続の特徴をまとめた一覧表を後掲する。

1　交　渉

加害者側が損害保険に加入している場合、示談代行の制度により損害保険会社と被害者（または被害者側の弁護士）が訴外での交渉を行う。

交渉で双方が損害賠償の内容や金額について合意できれば、示談書や免責証書を作成し、交渉が決裂すれば他の紛争解決手段を選択することになる。

近年、弁護士費用特約の普及もあり被害者側に弁護士がつくことが非常に多い。また、以前に比べて交渉での示談件数が減少している印象である。弁護士費用特約が付されていれば、訴訟等の手続費用や弁護士費用を保険で賄えるため、以前よりも他の手段に移行する心理的ハードルが下がったためであろう。

2　民事調停

裁判官と調停委員２名以上で構成される調停委員会が第三者として当事者間に介入し、双方の主張や提出された証拠を検討し、双方の譲歩を引き出しながら合意の成立をめざす手続である。

交通事故事案の民事調停は、①相手方の住所（または居所、営業所、事務所）、②申立人の住所（または居所）が管轄となる。なお、当事者間で管轄合意をした場合、その合意した地方裁判所または簡易裁判所にも調停申立てが可能である。

調停はあくまで、当事者の合意による解決をめざすものであり、当事者に対する強制力を有しないため、当事者の一方が調停への出席を拒否したり、調停での解決に合意できない場合には調停は不成立となる。

調停が成立した場合、調停調書が作成される。調停調書は裁判上の和解と同じ効果を有するため、合意内容に相手方が従わず賠償金の支払いをしない場合、この調停調書に基づき相手方の財産を差し押さえ、強制的に回収する強制執行を行うことが可能となる。

交通事故の場合、被害者側から民事調停が申し立てられる例はさほど多くない。後述のようにADRには加害者側への片面的な拘束力があることから、被害者側にとって民事調停を選択するメリットが乏しいといえる。

一方、加害者側から民事調停を申し立てるケースは少なくない。特に、交渉による解決が図れず、他方で被害者から訴訟提起もないという場合に、いわば債務不存在確認請求訴訟の前段階として利用されるケースが多い印象がある。ただし、近年は債務不存在確認訴訟において確認の利益を否定される例がさほど多くはないため、あえて調停を申し立てる実益は小さくなっているように思われる。

3 訴　訟

訴訟は、当事者間の権利義務関係に関する紛争について、裁判所が双方の主張や提出された証拠を検討し、最終的には判決をもって当事者間の権利義務の有無および内容を判断する手続である。

訴訟手続ではおよそ1か月に1回程度の頻度で期日が設定され、双方が順次主張・立証を行い、これがひととおり出揃った段階で和解協議が行われることが多い。和解協議がまとまらない場合に当事者から申請があれば本人尋問や証人尋問を行い判決へと手続が進行することが多い。裁判所の判決は強制力を有するため、当事者間の合意がなくとも紛争を終局的に解決することができる。

訴額140万円以下の事案では簡易裁判所が、訴額140万円を超える事案では地方裁判所が第一審の管轄裁判所である。これら簡易裁判所、地方裁判所のうち、①原告の住所地、②被告の住所地、③交通事故の発生場所が管轄となるため、原告は①から③のうち1か所を選択し、訴訟を提起する。

第一審の判決に不服がある場合、判決が送達されてから2週間以内であれば、当事者は第一審が簡易裁判所の場合は地方裁判所へ、第一審が地方裁判所の場合は高等裁判所へ不服申立て（控訴）をすることができる。なお、控訴審の判決にさらに不服がある場合、同じく判決が送達されてから2週間以内であれば、控訴審が地方裁判所の場合は高等裁判所へ、控訴審が高等裁判所の場合は最高裁判所へさらに不服申立て（上告）をすることができるが、上告理由は法律上制限されているため、交通事故の事案で上告が行われる事案はさほど多くない。

基本的には損害賠償を請求する被害者が訴訟を提起するが、被害者側が事案への対応を長期間放置するケースや、あまりにも過大な慰謝料を請求する等不当な請求を行う場合には、加害者側から債務不存在確認訴訟が提起されることもある（Q34参照）。

当事者から不服申立てが行われず、一定の金額の支払いを命じる判決が確定した場合、その判決を基に加害者の財産に対し強制執行をすることが可能になるが、加害者側に損害保険が付されている場合は、強制執行を経るまでもなく、保険会社から被害者へ任意で支払いがなされることが一般的である。

4　ADR

裁判所以外の第三者機関が当事者の間に入り、双方の主張と提出された証拠を検討し、和解あっせんを行い、訴外での解決をめざす手続である。交通事故紛争では以下の2機関が和解あっせんを行っている。なお、いずれも手続費用は無料である。

(1)　交通事故紛争処理センター

公益財団法人交通事故紛争処理センターの実施するADRである。

手続の流れとしては、まず被害者側の電話予約を受けて、相談担当弁護士が対面で相談を行い、被害者の主張の整理を行い和解あっせんに適した事案かを判断する。

被害者から和解あっせんの要請があり、かつ相談担当弁護士が和解あっせんが必要と判断した場合は、交通事故紛争処理センターから相手方（損害保険会社等の担当者）へ来所を要請し、双方出席の下、和解あっせん協議が行われる。協議が調った場合は、示談書または免責証書を作成する。

相談担当弁護士が和解あっせんを不調と判断した場合、その通知を受領後２週間以内であれば、当事者双方は審査を申し立て、審査会の裁定を受けることができる。ただし、（後述の）交通事故紛争処理センターとの合意により和解あっせん協議に応じなければならないとされる保険会社や共済から審査を求める場合は、申立人の同意が必要とされている。

この間に損害保険会社から訴訟移行の要請があった場合は、和解あっせん手続を中断し、訴訟移行の可否について、交通事故紛争処理センターの訴訟移行審査委員会で審議決定する。たとえば、事故と症状との因果関係を判断する材料が不足する場合など、訴訟で解決を図ることが相当であると同センターが判断した場合には、同センターでの取扱いは終了する。この場合、損害保険会社は速やかに訴訟提起することになる。

審査の申立てがあり、かつ訴訟移行の要請がない場合、事前に相談担当弁護士が審査会に対して、関係書類とともに争点、当事者双方の主張を説明し、審査事案として受理された場合に審査期日が設定され、双方の意見を聴いたうえで審査を行い、裁定が行われる。

裁定に対しては、申立人は同意または不同意を交通事故紛争処理センターに回答する。日本損害保険協会に加入する保険会社やJA共済連等、損害保険会社や一部の共済は、同センターとの合意により和解あっせんの協議に応じ、審査会の裁定があった場合にはこれを尊重しなければならないとされているため、申立人が裁定に同意すれば、裁定内容に基づき示談書または免責証書が作成されることになる。

このように、交通事故紛争処理センターのあっせんには、ADRでありながら、日本損害保険協会の加入損害保険会社等に対しては手続参加の義務と裁定についての片面的な拘束力があることが特徴となっている。ただし、治療中や後遺障害申請中の場合には手続を利用できないこと、自転車と歩行者、自転車同士の事故等の場合には利用できないこと、基本的に弁護士費用、遅延損害金が認められないこと、短期間での解決を前提としており精緻な主張・立証には向かないことなど、訴訟と比べ被害者側にとってデメリットとなる面もある。

日本損害保険協会に加入している保険会社や協会との間で合意を締結している共済の一覧を含め、交通事故紛争処理センターの和解あっせんの詳細については、同センターのホームページ（https://www.jcstad.or.jp/guidance/flow/）を参照されたい。

⑵　日弁連交通事故相談センター

当事者の間に、日弁連交通事故相談センターのあっせん担当弁護士が入り、当事者の主張を整理し、示談による解決をめざす裁判外紛争処理手続（ADR）である。

交通事故紛争処理センターの実施する和解あっせんと基本的な手続の流れは同様であるが、日弁連交通事故相談センターは日本損害保険協会と協定を結んでいないため、この示談あっせんの手続は損害保険会社には拘束力を有しないという違いがある。

そのため、損害保険会社がこの示談あっせん手続の協議に応じるかは任意であり、審査手続を利用することもできない。

ただし、全労済のマイカー共済やJA共済連の自動車共済、教職員共済生協の自動車共済等、一部の共済に対しては強制力を有するため、該当する共済は示談あっせんの協議に応じなければならず、協議が決裂した場合には審査の手続が利用可能である。

上記共済の種類等を含め、日弁連交通事故相談センターの示談あっせんの詳細については同センターのホームページ（https://n-tacc.or.jp/jidan）を参照されたい。

〈交通事故事案の紛争解決手段一覧〉

	交渉	調停	訴訟	紛セン	日弁連
参加者	被害者 加害者	被害者 加害者 調停委員 （裁判官）	被害者 加害者 裁判官	被害者 加害者 相談担当弁護士 ※審査の場合は、審査員3名。	被害者 加害者 斡旋担当弁護士 ※審査の場合は、審査員3名。
平均期間	事案による	3か月	半年～3年	3か月～5か月	1～2か月
解決方法	当事者の合意	当事者の合意	和解（当事者の合意）または判決	斡旋案への当事者の合意または審査の裁定に対する申立人の同意（注2）	斡旋案への当事者の合意または審査の裁定に対する申立人の同意（注2）
手続に要する費用（注1）	無	有（印紙代＋郵券）	有（印紙代＋郵券）	無	無
実施機関	—	裁判所	裁判所	交通事故紛争処理センター	日弁連
出頭の要否	任意	必要（ただし、電話会議・WEB会議可能）	必要 ただし、電話会議 WEB 会議（地裁・高裁の事案に限る）が可能	必要	必要

注1：弁護士に手続を委任する場合には、別途弁護士費用が生じる。

注2：保険会社や共済によって斡旋の話し合いに応じるか、審査の手続を利用可能かが異なる。

Q７　交通事故の被害者が受給できる公的給付にはどのようなものがあるか、それらは損害賠償金との関係ではどのように処理されるか

A　①自賠責保険金、②労災保険金給付、③国民健康保険給付、④介護保険給付、⑤国民年金、厚生年金がある。いずれも損害からの控除が可能であるが、控除の対象となる範囲や、過失相殺との先後関係等に相違がある。

［導入対話］

課長　交通事故の被害者が、加害者からの損害賠償金以外に受け取ることができるものとしてどのようなものがあるか、それぞれについて賠償との関係や求償関係がどうなっているか、一度整理してみようか。

新保　勉強したのですが、頭がごっちゃになってしまう部分です。交通事故事案でよく登場するのは、①自賠責保険金、②労災保険金給付、③国民健康保険給付、④介護保険給付、⑤国民年金、厚生年金といったところでしょうか。

課長　そうだね。まず、一番に覚えておくべきは自賠責保険。自賠責保険金は傷害分、後遺障害分があり、加害者の損害賠償金との関係では全額を控除できるよ。

新保　傷害分は120万円が上限で、後遺障害分は等級ごとに基準表に定められた金額ですよね。これは加害者側の保険ですから、加害者からの支払いと同じように損害から控除してよいと考えればいいですね。

課長　そうだね。次に被害者が勤務時間中や通勤時間中の事故なら、労災保険が使える。交通事故事案で多く登場するもののうち、療養補償給付はその全額が、休業補償給付と障害補償給付は特別支給金を除き、損害賠償金との関係では控除できる。

新保　では、賠償との関係では自賠責保険金と同じようなイメージでよいのでしょうか。

課長　いや、労災保険金給付はその給付内容と同一性のある損害費目からしか控除できないことに注意が必要だ。すごく簡単な例でいえば、治療費と慰謝料がそれぞれ100万円、過失相殺が50%という事案で、療養補償給付が100万円出ていたとしても、治療費の分がゼロになるだけで慰謝料からは引けないということだ。

新保　なるほど。ところで、労災保険から給付をされた場合、加害者側はその分を負担しなくてよくなるわけではなくて、労働局から加害者側に求償請求されるのですよね。

課長　そうだね。労災保険金が支払われるとその支払いの限度で被害者の損害賠償請求権を労災保険会社が代位することができる。つまり労災保険金の求償権は被害者の損害賠償請求権と同一の性質をもつから、過失相殺や後遺障害の不存在等、被害者に主張すべきことがある場合、労災保険会社からの求償請求にも同じ主張をしなければならないよ。うっかり機械的に払ってしまわないように注意が必要だ。

新保　求償請求は時間が経ってからくることもあるのですよね。注意します。

課長　次に、国民健康保険の給付では療養の給付等と傷病手当金が登場することが多い。

　療養の給付等は病院にかかって健康保険を使ったときの医療費を支給するもので、保険給付されるのは患者の自己負担分以外の部分だね。

新保　被害者は、通常自己負担分だけを加害者に請求してくるので、治療費も既払いもその範囲で考えて、健康保険からの給付の求償分は被害者との関係では除外すればよいわけですよね。

課長　そのとおり。次に介護保険給付は、高次脳機能障害や下半身不随等、重篤な後遺障害が残った場合に介護費用を支給するものだ。

国民年金の障害基礎年金、障害厚生年金も重度の後遺障害が残存した場合に支払われることがある。また遺族年金もあるよね。

損害賠償金との関係では、介護保険給付は介護費用から控除できる。年金のうち、障害年金は逸失利益、休業損害の過失相殺前の金額から控除できるけれど、遺族年金は逸失利益からしか控除できないなど、細かなルールがある。

最後に、将来にわたって支給されるものについては、基本的に事実審の口頭弁論終結時点、つまり地裁で終わった事案なら地裁の弁論が終わった日の時点で支給が確定しているものに限って控除できることに注意してね。

新保　複雑でますます混乱してきました……。

課長　すべてを暗記しようと思うとよけいに混乱してしまうだろうね。赤い本の「第８　損益相殺・損害の填補等」に詳細な解説があるから、少しでも悩むものがあれば確認してから対応することが大事だね。

新保　ありがとうございます。赤い本をみながら一度自分で整理してみます。

解　説

1　自賠責保険金

(1)　給付の概要

自賠責保険（共済）は、加害者が負うべき経済的な負担を補填することにより、基本的な対人賠償を確保することを目的としたものであり、原動機付自転車（原付）を含むすべての自動車に加入が義務づけられている。人身損害のみが補償の対象である。

自賠責保険金には傷害部分と後遺障害部分、死亡保険金がある。傷害部分は治療関係費、文書料、休業損害および通院慰謝料分の保険金であり、上限は120万円である。

後遺障害部分は逸失利益、後遺障害慰謝料分の保険金であり、後遺障害の等級ごとに保険金額が定められている。保険金の上限は4000万円である。

死亡保険金は葬儀費、逸失利益、被害者および遺族の慰謝料であり、保険金の上限は被害者１名につき3000万円である。

その他、自賠責保険金の内容の詳細については、厚生労働省の「自賠責保険ポータルサイト」〈https://www.mlit.go.jp/jidosha/anzen/04relief/jibai/payment.html〉を参照されたい。

また、自賠責の後遺障害等級の内容および等級ごとの保険金額は赤い本（上巻）巻末掲載の資料「後遺障害別等級表・労働能力喪失率」を参照されたい。

⑵　損害賠償との関係

既払いの自賠責保険金は人身分の損害賠償金からの損益相殺が可能である。実務上は、過失相殺後の損害総額を計算し、先行して事故日から自賠責保険金支払日までの遅延損害金に自賠責保険金を充当したうえで、その残額を損害総額から控除する。

訴訟で自賠責基準の傷害部分を超える傷害による損害が確定したり、後遺障害の有無や内容が自賠責保険会社の判断よりも有利になった場合、自賠責保険金は訴訟上の判断に従うため、傷害部分の残額や後遺障害部分の保険金を回収することができる。特に慰謝料や入院雑費については、自賠責保険金の算定基準は、訴訟基準より低額であるが、訴訟基準で損害が認定された場合、自賠責保険会社から保険金額を限度として裁判所の認定額で回収ができることになる。

なお、死亡事案の自賠責保険金の回収については、Q33を参照されたい。

2 労災保険金

(1) 給付の概要

労災保険は、労働者の業務上の事由または通勤による労働者の傷病等に対して必要な保険給付を行うもので、労働者が勤務中や通勤時間中に交通事故に遭った場合には労災保険を利用できる。

交通事故事案では主に療養（補償）給付、休業（補償）給付、障害（補償）給付、介護（補償）給付が登場する場面が多い。なお、名称に「補償」が付くのは業務中の事故の場合、「補償」が付かないのは通勤中の事故の場合である。以下では、便宜上いずれも「補償」を付けた呼称を用いる。

以下、それぞれの概要を説明する。なお、詳細は厚生労働省が発行する「労災保険給付の概要」をご覧いただきたい。

ア　療養補償給付

治療費や通院交通費、転院費等、治療のために必要な費用の給付である。症状が治癒するか症状固定するまでの間、受給可能である。

イ　休業補償給付

事故による障害で休業を余儀なくされた場合に、その減収分を填補する給付である。

休業補償給付には、①休業給付（給付基礎日額の60％×休業日数）、②休業特別支給金（給付基礎日額の20％×休業日数）があり、合計で給付基礎日額の80％の金額を受給できる。なお、給付基礎日額は、基本的に事故前3か月間の労働者に対して支払われた賃金の総額をその期間の暦日数で割った1日あたりの賃金額である。

事故4日目以降、基本的に就労不能期間中は支払われるが、以下の場合には給付が終了する。

・症状固定した場合
・事故後1年6か月が経過しても症状固定に至らない場合で所轄の労働基準監督署長が後遺障害等級1級から3級に該当すると判断した場合

ウ　障害補償給付

後遺障害が残存した場合に支給される給付である。障害補償給付には障害補償年金（一時金）、障害特別支給金、障害特別年金（一時金）がある。

後遺障害等級は１級から14級まであり、１級から７級は年金方式で、８級から14級では一時金方式で障害補償給付を受領できる。

障害年金（一時金）、障害特別年金（一時金）は給付基礎日額に等級に応じた日数を乗じることで計算され、障害特別支給金は障害ごとに金額が定められている。

エ　介護補償給付

障害補償年金等を受給し常時介護または随時介護を要する障害が残存している場合に、現に介護を受け、病院または診療所に入院、あるいは介護老人保健施設、特別養護老人ホーム等一定の施設に入所しないときに介護費相当額を填補する給付である。

給付額は介護にあたる者が近親者か職業介護人かで異なり、金額は毎年見直しが行われる。

⑵　損害賠償との関係

休業特別支給金、障害特別支給金、障害特別年金は、損害賠償請求金から控除することはできない。

療養補償給付、特別支給金以外の休業補償給付、特別支給金・特別年金以外の障害補償給付、および介護補償給付は、過失相殺後の損害賠償金から控除可能である。

労災保険がこれらの給付を行った場合には、保険者が給付金額の限度で加害者への損害賠償請求権を代位取得するため（労働者災害補償保険法12条の４）、被害者から加害者への損害賠償請求権との関係では「損益相殺的な調整」を行う必要がある。

この、「損益相殺的な調整」では、当該給付と同一性質を有する損害費目との関係に限り、過失相殺後の金額から控除が可能とされている。以下では、裁判例で同一性が認められた給付と費目との対応関係をいくつかあげる。

・療養補償給付：治療費、入院雑費、器具等購入費、通院交通費、付添看護費、付添人交通費（大阪地判平成22年５月12日交民集43巻３号573頁、東京地判平成24年７月17日交民集45巻４号792頁）

・休業補償給付、障害補償給付：休業損害、逸失利益（大阪地判平成22年５月12日交民集43巻３号573頁）

・介護補償給付：将来介護費（大阪地判平成26年２月４日交民集47巻１号230頁）

なお、障害補償給付の障害年金および介護給付等、将来にわたって継続して給付が予定されているものは、口頭弁論終結時までに支給が決定されているものに限って控除することができる（東京地判平成７年11月14日判タ904号177頁）。

被害者への損害賠償金から控除された労災給付については、上述の代位により、労災保険会社から加害者に対し求償請求が行われる。

この際、前述のとおり労災保険金の求償債権は、被害者の損害賠償請求権が代位移転したものであるため、過失割合や自賠責保険会社が認定した等級を争う場合には、この求償請求との関係でもそれらの主張を行う必要がある。過失相殺については、労災保険からの求償請求の時点で労災保険の考える過失割合に応じた過失相殺が行われている例が多い。

3　国民健康保険、健康保険の給付

(1)　給付の概要

国民健康保険、健康保険（社会保険）は、被保険者の疾病、負傷、出産または死亡に関して必要な給付を行うことを目的とした医療保険制度である。

国民健康保険は、保険者が都道府県および市町村（区）、被保険者が自営業者や年金受給者等、社会保険やその他の医療保険制度に加入していない者である。健康保険の保険者は全国健康保険協会または各健康保険組合であり、被保険者は会社の正社員や一定の条件を満たす非正規社員である。

国民健康保険、健康保険の給付は交通事故事案でも受給することができるが、第三者行為災害届を提出する必要がある。

交通事故事案で登場することが多いものとしては、療養の給付や入院時食事療養費の支給、入院時生活療養費の支給等の治療に関する支給と傷病手当金である。

療養の給付では、基本的に医療費の７割が支給され、残り３割は自己負担しなければならないが、年齢や所得に応じてこの自己負担分の割合は前後する。入院時食事療養費や入院時生活療養費も同様に自己負担額が年齢や所得に応じて定められている。

傷病手当金は、病気やけがのために休業した場合に、その休業による減収分を補填するものである。労災保険の休業給付との二重取りを防ぐため、業務中や通勤中に発生したけが等ではないことが要件とされる。

⑵　損害賠償との関係

医療費のうち保険者が負担した部分（すなわち患者の自己負担以外の部分）については、保険者はその給付の価格の限度で被害者の損害賠償請求権に代位でき、加害者に対して求償が行われる（国民健康保険法64条１項、健康保険法57条１項）。傷病手当金についても同様である。

被害者から加害者への損害賠償請求の局面では、被害者は治療費のうち自己負担分のみを請求するのが一般的であり、健康保険負担分を考慮する必要はない。

一方、傷病手当金については、被害者側で事前に傷病手当金を控除したうえで賠償請求を行うことは稀であり、損益相殺的調整が必要となる。この場合、労災保険と同様、傷病手当金は逸失利益および休業損害のみから控除される（名古屋地判平成20年12月10日交民集41巻６号1601頁）。

また、国民健康保険・健康保険の給付は、過失相殺や素因減額前の被害者の損害から控除しなければならないとされている。

求償請求に対する注意点は、上述の労災保険の場合と同様である。

4 介護保険給付

(1) 給付の概要

介護保険は、要介護者や要支援者に介護や介護予防に必要な費用の一部を給付する制度であり、保険者は市町村（区）、被保険者は65歳以上の者（1号被保険者）、および40歳以上65歳未満の医療保険加入者（2号被検者）である。

受給者は65歳以上の場合は介護を必要とする状態（要介護状態）、または日常生活に支援が必要な状態（要支援状態）になった者であり、40歳～65歳未満の場合は要介護または要支援の状態が老化に起因する疾病による者である。介護保険の具体的な内容については、厚生労働省ホームページ「介護サービス情報システム」〈https://www.kaigokensaku.mhlw.go.jp/commentary/about.html〉を参照されたい。

交通事故において、介護保険給付を受ける場合には、国民健康保険等のときと同様、第三者行為災害届を出す必要がある。

介護保険による給付では被害者が介護サービス等を受けた場合、原則として被害者はその介護サービス費用の1割を負担し、残りを市町村（区）で負担する。なお、この負担割合は受給者の所得によって2割から3割になることもある。また、受給する介護サービスごとに、受給者の所得の金額に応じて負担割合の上限金額が定められている。

(2) 損害賠償との関係

加害者から被害者への損害賠償債務が履行される前に市町村（区）が被害者に介護保険給付を行った場合、国民健康保険等と同様に、その給付の価額の限度で被害者が加害者に対して有する損害賠償請求権を代位取得する（介護保険法21条1項）。

加害者への損害賠償請求権との関係では、被害者は事故日から症状固定時までに発生した介護費については、介護保険の自己負担分の金額を請求するのが実務上一般的である。

しかし、症状固定後の将来介護費については、判例実務上、自己負担額ではなく、介護人の性質や後遺障害の等級、現実の介護状況等を考慮し、日額で算定されることが多く、現実の自己負担額よりも相当に高額になることが多い。

介護保険による給付は、介護費との関係で損益相殺的な調整が必要になる。

この点、介護保険給付は、過失相殺前の損害に充当するとされ（東京地判令和2年11月26日自保ジャーナル2085号1頁）、また、その範囲も口頭弁論終結時までに支給が決定されているものに限定されている（東京地判平成15年8月28日交民集36巻4号1091頁）。

なお、同じく介護サービス費用を填補するものとして、障害者総合支援法に基づく支給がある。被害者が65歳未満である事案では、この障害者総合支援法に基づく給付を受領している事案が多い。

障害者総合支援法の詳細は厚生労働省の「障害福祉サービス等」〈https://www.mhlw.go.jp/stf/seisakunitsuite/bunya/hukushi_kaigo/shougaishahukushi/service/index_00001.html〉のホームページを参照されたい。

この支給に充てられる費用は公費で賄われ、障害者総合支援法に代位、免責規定は定められていない。また、障害者総合支援法の前身である障害者自立支援法や、さらにその前身である身体障碍者福祉法に基づく給付は福祉目的と解され、損害の填補とはならないと解されていたことから、障害者総合支援法の給付も、損害の填補とならない（すなわち、損害から差し引くことができない）と解される可能性が高いと考える。

5 国民年金、厚生年金

(1) 給付の概要

交通事故事案で登場する国民年金、厚生年金としては、障害年金と遺族年金があげられる。

障害年金は、病気やけがにより生活や仕事に支障が生じた場合に受給することができる年金である。

障害年金には障害基礎年金（国民年金）、障害厚生年金（厚生年金）があり、病気やけがで初めて医師の診療を受けたときに、国民年金に加入していた場合は「障害基礎年金」、厚生年金に加入していた場合は「障害厚生年金」が請求できる。

遺族年金は、国民年金または厚生年金保険の被保険者が死亡した際に、その被保険者によって生計を維持されていた遺族が受けることができる年金である。

遺族年金には、遺族基礎年金、遺族厚生年金があり、死亡した被害者の年金の加入状況等により、いずれかまたは両方の年金が支給される。

これらの年金の受給要件や受給資格、受給金額等については、日本年金機構の「障害年金」〈https://www.nenkin.go.jp/service/jukyu/shougainenkin/jukyu-yoken/20150401-01.html〉、「遺族年金」〈https://www.nenkin.go.jp/service/jukyu/izokunenkin/jukyu-yoken/20150401-03.html〉のホームページを参照されたい。

⑵　損害賠償との関係

国民年金、厚生年金の給付が行われた場合、政府等はその給付の価額の限度で被害者が加害者に対して有する損害賠償請求権を代位取得する（国民年金法22条1項、厚生年金保険法40条1項）。

そのため、国民年金、厚生年金の給付についても加害者への損害賠償請求権の関係で損益相殺的な調整を行う必要がある。

この点、障害厚生年金、障害基礎年金は、過失相殺前の逸失利益および休業損害から控除できるが（名古屋地判平成20年12月2日交民集38巻6号1660頁、大阪地判平成17年12月9日交民集41巻4号1044頁、ただし、休業損害からの控除を否定したものとして神戸地判平成20年8月26日交民集41巻4号1044頁がある）、遺族年金、遺族厚生年金は、過失相殺前の逸失利益からしか控除することができないとされる（遺族厚生年金について、最判平成11年10月22日判時1692号50頁）。

また、控除される範囲は、事実審の口頭弁論終結時に、すでに支給が確定した部分に限られる（最判平成11年10月22日判時1692号50頁、大阪地判平成10年6月29日交民集31巻3号929頁）。

6 総　括

このように、公的給付と損害賠償、損益相殺、求償の関係は非常に複雑になっており、すべてを網羅的に暗記することは非常に困難と思われる。特に、自賠責保険と健康保険以外の給付については、安易な差引処理をせず、不慣れなうちはそのつど処理の方法を確認することが重要であろう。

第 2 章

事故状況

Q８　事故の初動対応で確認すべき点はどこか

A　事故状況、負傷の有無、双方車のドライブレコーダー映像の有無、相手車の所有者、警察の介入状況、救急搬送の有無、相手方の連絡先等である。

［導入対話］

課長　これから一担当者として事故対応にあたってもらうけれど、初動対応として確認すべきことは何だと思うかな。

新保　研修では事故状況と負傷の有無だと習いました。

課長　そうだね、この２点の確認は必須だけど、なぜこの点を確認する必要があるのかな。

新保　事故状況は、過失割合に影響してくるからで、負傷の有無は、物件損害のみの対応になるか人身損害も含めた対応になるかの分かれ目だからでしょうか。

課長　なるほど、まず、事故状況は過失割合だけではなく、物損の損傷箇所の確認や、けがをしたと主張されている場合の受傷機転やけがの程度を確認するのにも役立つよね。では、事故状況はどのように確認するの。

新保　契約者さんから話を聞いて……。

課長　それは必須だけど、単独事故でない限り、事故の相手方の話も聞く必要があるよね。そのためには契約者さんを通じてあらかじめ相手方の連絡先を入手しておく必要がある。

　ただ、双方の言い分だけだと、食い違いが生じたり、詳細な部分が不明な場合もある。客観的な事故状況の把握に一番役立つのは、ドライブレコーダー映像だよ。

新保　なるほど、契約者さんに確認します。そうだとすると、相手方にもドライブレコーダー映像の有無を確認すべきでしょうか。

課長　良いところに気がついたね。より客観的な事故状況を把握するためには、相手車のドライブレコーダー映像の有無の確認もすべきだよね。それ以外に客観的な事故状況を把握する資料はあるかな。

新保　警察の記録でしょうか。

課長　そのとおり。警察の記録としては、①物件事故で作成される物件事故報告書、②人身事故で作成される実況見分調書や供述調書等がある。事故証明書をみれば、物件事故か人身事故かを確認することができるけれど、事故から間がなくまだ事故証明ができていないときは、相手方がけがの有無についてどのような話をしていたか、救急搬送はされていたか、実況見分は行われたか等を契約者に確認しておけばよいかな。この点を確認しておくと、先ほど君が言っていた負傷の有無もある程度予想がつくよね。

あと、非常に基本的なことだけれど、物損の関係で相手方の車の所有者が誰なのかを確認しておく必要があることも忘れないように。

新保　そうか、そうですよね、お父さんの車を息子が運転していた場合のように、車の所有者と運転者が違うことは多々ありますよね。ありがとうございます。研修の整理もひととおりできました。本日から頑張りたいと思います。

解　説

1　初動対応の重要性と客観証拠の収集

損害保険会社の初動対応は大きく分けると２種類ある。

事故直後の事故受付の場面と、担当者に事案が割り振られて対応にあたる場面である。

事故受付では、大まかな事故状況や負傷の有無等の確認がされ、このタイミングで相手方の連絡先等の聞き取りを行うのが通常である。

その後、事案が割り振られ、人損、物損の担当者がつき、再度、契約者や相手方から聞き取りを行う。この際、事故状況については、走行速度や事故前の双方の動静、事故後のやりとりの有無や内容等、詳細な聞き取りを行うことが望ましい。これらの事情は、双方の過失割合や負傷の有無・程度に影響するところ、初動対応の時点では、契約者と相手方双方の記憶が鮮明であることが多く、このタイミングでの供述はある程度信用性が担保されるためである。

また、最近のドライブレコーダーはエンジンをかけると自動的に録画を開始する常時録画モードに加え、車両に衝撃が加わった時にその前後の映像を一定時間分切り取り、通常とは別のファイルにその映像が保存されるものが多い。しかし、時間が経てばその別ファイルの映像自体も上書きされる可能性がある。

初動対応時にドライブレコーダーの設置の有無や事故時の映像の有無を確認し、映像がある場合には、契約者や相手方に保存と提供を依頼することが重要であると思われる。特に、近年は自動車だけではなく、バイクや自転車にドライブレコーダーを設置する運転者も増えている。相手方が歩行者以外の場合、ドライブレコーダー映像の有無は一度確認しておいたほうがよいだろう。

客観証拠が保全されることにより争点が減った結果、早期解決につながりやすくなるため、初動対応を丁寧に行うことは大変重要であると考える。

2　担当者間での情報共有の重要性

上記のとおり、物損だけでなく人損が発生している場合、損害保険会社では１件の事故で人損の担当者と物損の担当者が分けられ、それぞれが対応にあたることが多い。この場合、人損と物損の担当者間で過失割合、物損の内容・程度や交渉状況等を適宜共有しておく必要がある。

人損、物損の両方が問題になっている場合、物損の交渉が先行することが多く、物損で示談をした場合、その過失割合の取り決めが人損の交渉時の過失割合に影響を与えるからである。物損を早期解決しようとして、過失割合を大幅に譲歩した結果、後に人損が多額になり訴外での解決ができず、訴訟になって過失割合を争ったものの、裁判所には物損示談時には相手方に有利な過失割合で示談していることを考慮され、客観的な事故状況から評価される過失割合とは異なる過失割合で認定をされるケースもみられる。

また、物損の金額や損傷の程度は、負傷の有無や負傷の程度を判断する情報の一つになるため、この点についても共有しておくことが望ましい。

3 契約者への対応

交渉の途中や交渉から訴訟に移行する段階で損害保険会社の担当者が変わることがある。

その際に契約者には連絡せず、代理店とのやりとりのみで対応をしているケースがある。

しかし、当然、伝聞の情報しかなく、その聞き取りが不十分であることも多々ある。

また、事故が発生した当初に契約者にコンタクトをとったきり、後の対応は代理店のみと行うケースも実務上多々みられるが、そのような場合、契約者の意思確認ができないばかりか、契約者本人に当事者意識がなくなり、訴訟化した場合に代理人の弁護士が対応に苦慮することがある。

保険会社に連絡をしたら、あとは保険会社が良いように処理をしてくれるという発想を契約者がもつことを防ぐ意味でも、契約者と直接連絡をとったうえで、交渉状況の説明をし、弁護士委任や訴訟の可能性、その場合における再度の事故状況の聞き取り等にも言及しておくことが望ましい。

Q９　刑事記録の確認方法は

A　**物件事故の場合は、物件事故報告書を管轄する警察署へ23条照会で取り付け可能である。訴訟に至っている場合には送付嘱託も利用可能である。人身事故の場合、起訴されているか否か、確定前か確定後かで入手できる刑事記録の範囲や照会先が異なる。**

［導入対話］

新保　はじめまして。○×損保の新保と申します。どうぞよろしくお願いします。今日は先生にお伺いしたいことがあり、連絡しました。事故の刑事記録を入手したいのですが、どうしたらよいでしょうか。

中堅　こちらこそよろしくお願いします。事故証明書では物件事故と人身事故どちらの記載になっていますか。それによって取り付けられる刑事記録が異なるのですが。

新保　人身事故です。

中堅　人身事故なら、少なくとも実況見分調書は入手できるでしょう。起訴されていたら、実況見分調書のほかにも当事者や目撃者の供述調書等、刑事記録一式が入手できます。

新保　起訴されているか否かで刑事記録の入手できる範囲が違うということでしょうか。

中堅　そのとおりです。不起訴の場合には供述調書が開示されることはほとんどなく、実況見分調書や事故現場、物損の写真撮影報告書、信号サイクル図等の限られた資料のみになります。一方、起訴されていれば、それが正式起訴であれ略式起訴であれ、刑事事件の判決が確定していれば供述調書を含めた刑事記録のほぼ全体が入手できることが多いです。

　契約者の方の刑事処分は把握されていますか。そもそもいつ頃の事故でしょうか。

新保　2年前の事故です。契約者は一度検察庁に行ったきり、何の連絡もないという話をしています。

中堅　それならば不起訴で終わっている可能性が高いと思われます。不起訴処分の場合、訴外ならば弁護士法23条の2による照会で、訴訟中ならば送付嘱託でも刑事記録の入手が可能です。照会先は管轄の検察庁になります。

新保　ありがとうございます。起訴されていた場合も不起訴の場合と同じように23条照会や送付嘱託で入手できるのでしょうか。

中堅　起訴されている場合は、23条照会をしても回答してもらえませんので、事故当事者である契約者の代理人として検察庁に対して刑事訴訟法53条に基づく閲覧謄写申請をする必要があります。訴訟では不起訴の場合と同じく送付嘱託で入手可能です。

ちなみに、過失運転致傷だと、不起訴の場合は処分が決定されてから5年、略式起訴（罰金）だと判決から3年が刑事記録の保管期間になりますので、この期間を過ぎていた場合には入手できないことが多くなります。

新保　今回の事故はまだ発生してから2年なので、保管期間の点は問題なさそうです。課長にも相談して、刑事記録を入手する方向で進めたいと思います。

ちなみに物件事故の場合は何をどのような方法で入手することになりますか。

中堅　物件事故の場合は、物件事故報告書です。こちらも訴外ならば23条照会、訴訟手続であれば送付嘱託で入手可能です。照会先は検察庁ではなく各管轄警察署になりますので、この点は注意してください。

新保　ありがとうございます。勉強になりました。

解　説

1 警察署や検察庁で作成される刑事記録

交通事故が起こった場合、それが物損であろうと人損であろうと警察に通報しなければならず、通報後、臨場した警察官の立ち合いの下、それぞれの当事者から事故状況の聞き取り等が行われる。

まず、物損事故の場合、物件事故報告書が作成される。物件事故報告書とは簡単にいうと事故概要に関する警察の捜査メモである。略図が添付される場合もあるが、測量などは行わず、警察官が目測で作成したものであり、詳細な情報は記載されていないことが多い。

一方、人身事故の場合は実況見分調書が作成される。実況見分調書では双方の進路、接触地点、接触前後の双方当事者の動静、事故現場の道路状況、双方車の速度や見通し等が、測量を実施したうえで、詳細に記載される。この実況見分調書は起訴、不起訴問わず、後述する方法によれば開示されることが多い。その際、双方車の損傷状況や信号サイクル図、ドライブレコーダー映像を撮影した写真撮影報告書等も開示される場合がある。

しかし、警察署や検察庁で作成された事故当事者や目撃者の供述調書は不起訴の場合には原則開示されないため、事故時の詳細な供述の入手は困難である。一方、略式起訴を含めた起訴事案では上記供述調書を含め開示されることが通常である。

2 刑事記録の開示方法

物件事故報告書や実況見分調書等の刑事記録の開示方法は以下のとおりまとめられる。

①　物件事故

物件事故報告書：管轄警察署への23条照会または送付嘱託

23条照会とは、受任事件について弁護士が証拠や資料を収集し、事実の調査のため弁護士会を通じて官公庁や企業、事務所などに対して行う照会である（弁護士法23条の２）。

送付嘱託とは、訴訟当事者からの申立てにより、文書の所持者に対して、その文書を裁判所に送付するよう求める手続である（民事訴訟法226条）。

② 人身事故

・不起訴の場合→管轄検察庁への23条照会または送付嘱託。

・起訴の場合→管轄検察庁に対し、閲覧謄写の申請（刑事訴訟法53条）または送付嘱託

もっとも、刑事記録は処分が確定していなければ原則入手することができない。

刑事処分がなされるまでに警察の捜査→送検→検察の補充捜査→処分決定という進行になり、通常３か月以上はかかることが多く、半年以上経っても処分が決定されないこともある。

早期の段階で、事故の客観的な状況を把握するためにはやはりドライブレコーダー映像が重要となる。事故後間もない段階での事故状況の把握は当事者からの聞き取りと、ドライブレコーダー映像で行い、ドライブレコーダー映像がない場合や、事故現場の道路状況（道路幅や標示・標識の有無等）や事故状況をドライブレコーダー映像で確認できない場合に刑事記録の取り付けを検討することになることが多い印象である。

3 刑事記録の保管期間

刑事記録には保管期間がある。物損事故の場合はそれぞれの都道府県で保管期間が異なり、人身事故の場合、罪名や処分内容（起訴の有無、起訴の場合、刑罰の種類、刑期）によってその保管期間は異なる。

たとえば、過失運転致傷罪の場合、不起訴だとその裁定日から５年間（法務省記録事務規程25条）とされ、起訴され罰金刑に処された場合、命令書以外の記録（実況見分調書や供述調書等）は訴訟終結から３年間（刑事確定記録

法別表２条１項(7))である。

ただし、この保管期間を経過しても、直ちに記録が廃棄されるわけではないので、記録を入手できるケースもある。

事故発生後、長期間が経過している場合には、まずは弁護士等を通じて刑事記録の保管の有無を確認することが望ましいと思われる。

Q10 工学鑑定は事故態様や過失割合の検討に有用か

A 工学鑑定に対し近似の裁判例ではその信用性に疑問を呈したものがある。工学鑑定書を立証資料として用いる際は、前提とする事実の客観性や、工学鑑定で用いる経験則の論理性、工学鑑定を事案に用いる相当性を慎重に判断する必要がある。

［導入対話］

新保 新規の事案で相談があります。前方車両に契約者車両が追突した事故なのですが、前方車両の運転手の受傷に疑念があり、今般訴訟になりそうです。訴訟になった場合、事故の衝撃の軽微さを裏付けるために工学鑑定を行い証拠化したいと考えているのですが、有用でしょうか。

中堅 なるほど、具体的にはどのような内容を想定されていますか。

新保 鑑定人は、契約者車両の時速と、双方の車両の損傷状態を基に、力学的側面から被害車両に生じた衝撃の程度を推察しようと考えているようです。

中堅 当時の速度はドライブレコーダー映像等で把握できていますか。

新保 どちらの車にもドライブレコーダーはついていませんでした。ただ、被追突車は停止しており、追突した運転手は時速５km～10km程度と述べています。物件事故として処理されており実況見分調書もないのですが、昨日、弊社の技術アジャスターが現地調査をし、契約者から事故状況を聞いた事故状況を基に事故の報告書等は作成しています。

中堅 車両の実損確認等を行い損傷の状況の詳細は把握されていますか。

新保 事故直後に撮影した車両写真はあります。ただ、すでに修理をしてしまっていて現物が確認できません。

中堅 お聞きした状況だと、双方の車両の具体的な動静や速度、車両の損傷状況等を客観的な資料で把握することは難しい事案と思われます。このような場合、私は工学鑑定はあまりおすすめしません。

新保　どうしてですか。

中堅　工学鑑定の前提となる情報を確定できないからです。交通事故は一瞬の出来事であり、運転手が事故直前の速度を確定的に覚えていることは稀で、「時速10km は出ていなかった」「２～３km 程度であった」など、非常に感覚的で不確定なことが多いのです。この場合、反対尋問でこの点の信用性が覆されれば、工学鑑定の前提が崩れることになります。

新保　技術アジャスターの事故状況報告書から加害車両の速度を割り出して、鑑定に用いるという方法はどうでしょうか。

中堅　技術アジャスターの方の事故状況報告書は、被害者の認識する事故状況の把握には有用ですよね。特に道路標示や標識などを現地で実際に確認してもらうことにより、客観的な道路状況を把握することができるかと思います。

しかし、工学鑑定の前提となる情報は客観的で確定的である必要があります。技術アジャスターの方の事故状況調査は事故直後ではなく事故から数週間、数か月経って行われることが多いと思われます。契約者の記憶も薄れていきますし、道路状況も事故後から変化し、仮にタイヤ痕等、何らかの痕跡が事故現場にみられる場合でもそれがその事故によるものかは不明です。また、上記と同じく前提事実に関する契約者の説明の信用性が反対尋問で覆されれば、やはり工学鑑定の信用性は低くなります。

また、車両写真では、どの程度の損傷かを具体的に把握することは困難ですので、この点でも今回工学鑑定をすることは有用ではないと考えます。

新保　そうですか、では本件では工学鑑定は諦めます。ちなみにドライブレコーダー映像で速度を含めた客観的な事故状況を把握できてかつ未修理の車両から損傷状況を確認できる場合には、工学鑑定を用いた主張を裁判所は認定してくれますか。

中堅　一証拠として参考にするとは思います。ただ、個別の事案の判断にはなりますが、近似の裁判例では「数字のマジックによって、読者を混乱に導き、裁判を混乱に陥れるものであって鑑定書という表題を付するに値しない」等と厳しい意見を述べ、工学鑑定の信用性に疑問を呈したものがあります。そこまで踏み込んで批判するのは極端な例だと思いますが、一般的に当事者の一方が依頼した工学鑑定の結果は必ずしも高く評価されていない印象です。また、裁判所が主導して工学鑑定を実施したケースを私は経験したことがありません。有用性を全く否定されているわけではありませんが、東京地裁の交通部の裁判官からは「前提としている事実が証拠から客観的に確定できるものかどうかはもちろん、工学鑑定の経験則が十分な科学的、論理的根拠を備えているか、その工学鑑定をその事案で用いることが相当なものかを慎重に検討する必要がある」との指摘もされており、工学鑑定を立証資料として用いることには慎重な判断が求められると思います。

新保　なかなか難しいものですね。ご意見をいただきありがとうございます。

解　説

1　工学鑑定とは

工学鑑定とは、事故時の車両の損傷状況や道路状況等から事故時の速度や入力方向、事故の衝撃が人体に及ぼす影響等を解析する鑑定手法である。

受傷否認の主張をする場合や走行車両の速度超過の有無等が問題となる場合に、工学鑑定書の証拠提出を検討することがあるが、その前提として工学鑑定の基礎となる道路状況や車両の損傷状況、(事故の衝撃を検討する場合における）当事者の車両の速度等（以下「前提事実」という）が、ドライブレコーダー映像や実況見分調書、損傷車両等の客観的な資料により確定できるか、または当事者間で争いがないことが必須である。

たとえば、客観的な裏付けがなく、契約者が「時速は2～3km程度であった」と説明しているものの相手方はその事実を争っている等、前提事実を客観的に確定できない場合、その契約者の説明の信用性が否定されれば工学鑑定書の信用性も低いものとならざるを得ない。

2　工学鑑定の資料の有用性

では、客観的な資料で前提事実を確定できる場合には、工学鑑定の資料は有用か。

この点、近時の赤い本下巻掲載の講演録において、東京地方裁判所交通部の戸取謙治裁判官は工学鑑定書の信用性について以下のとおり述べている(「受傷の有無が争点となる事案について」赤い本〔令和5年版〕下巻75～113頁)。

> 工学鑑定については、従前、車両の変形から衝突時の速度等を推定する逆問題の困難性、乗車位置や乗車姿勢の違い、人体の部位に応じた力を正確に分析することができない解析モデル（質点モデル）の限界性といった問題点が指摘され、裁判所においてもその信用性に疑問を持ち、証拠として提出されることはごく稀になっているといわれていました……もっとも最近では証拠として提出される場合もあり、再現実験の結果から衝撃の程度を推認する裁判例も見受けられますが、これに依拠するにあたっては……上記問題点等を踏まえたものとなっていて、用いられている経験則が十分な科学的、論理的根拠を備え、当該事案の衝撃の程度を図るのに用いることが相当なものか、同鑑定書の前提としている事実が争いのない事実や証拠上認められる事実と整合しているか慎重に検討

することが必要となると思われます。

また、東京高判平成30年８月８日判タ1455号61頁では、工学鑑定書の再現実験が、事故の実際の状況と相違するとしたうえで、工学鑑定書で用いられている経験則について、事故の衝撃の程度をはかるものとしては妥当ではないとして、［導入対話］で中堅が紹介したとおり、「数字のマジック」などの相当に辛辣な表現で工学鑑定書の信用性を否定している。

もっとも、ドアミラー同士やドアミラーとレインレールの接触事故でダミー人形を用いた再現実験を基に作成された工学鑑定の結果を考慮して、事故の衝撃の程度を推認した裁判例も見受けられ（東京地判令和元年11月20日判例集未登載（平成31年（ワ）第7076号）、東京地判令和２年２月26日判例集未登載（平成30年（ワ）第30458号）等）、裁判所としては工学鑑定の信用性をすべて排斥するものではないと思われる。

私見としては、工学鑑定書が依拠する前提事実に客観性が認められる場合には、工学鑑定書の論拠が事案に即した適切なものであることを十分に検討したうえで証拠提出することは有用であると考える。一方で、事故の状況を確定する客観的情報が乏しい事案において、これを補充するような意図で行う工学鑑定は、おのずと信用性の低いものとなりがちであることに注意が必要であると考える。

第3章

人身損害

Ⅰ　治療費関係

Q11　治療費の一括払いをするかどうかの判断基準は何か

A　事故状況をよく確認し、契約者の過失が大きい事案であるか、事故状況と受傷内容に整合性があるか、事故から通院までの経緯に問題はないかなどを検討する。

［導入対話］

新保　今回、初めて人身事故の対応をすることになりました。自動車同士の追突事故です。昨夜の事故なのですが、被害者のＡさんから、今日から病院に通うという連絡が入りました。こちらから病院に直接治療費の支払いをして問題ないでしょうか。

課長　Ａさんと契約者さんそれぞれから事故の状況は確認できているかな。

新保　はい、先日教えていただいたことに注意して確認しました。

　ドライブレコーダーは残念ながらどちらの車にも付いていませんでした。修理見積や修理工場の写真はまだないのですが、契約者さんが現場でスマホで撮影した写真を送ってくれました。

課長　なるほど。Ａさんの車はリアバンパー付近がへこんでいるね。

新保　はい。契約者さんは、ぼーっとしていてブレーキを踏まず追突したとのことですが、帰宅の時間なので道路はやや混んでいて、時速は10キロくらいという感覚だったと言っています。

課長　警察の関係はどうなっているのかな。

新保　その場で警察を呼び、人身事故扱いにする予定になったとのことです。ただ、Ａさんも実況見分に立ち会っており、「夜なので病院は明日行く」と話していたそうです。

課長　なるほど。契約者さんは、Ａさんがけがをしたということや、治療費を払うことについて何か言っていたかな。

新保　はい。「追突だから自分が100%悪いし、Aさんの車も衝撃で結構揺れていて、実況見分の時も首が痛そうにはしていたのでけがはしていると思う、申し訳ないことをしました」と言っていました。

課長　なるほど。今のところ特におかしな点は見当たらないし、とりあえず病院で診てもらわないことには始まらないから、最初の治療費や診断書料などはこちらで支払ってよいと思うよ。あとは病院でどんな診断だったのかを確認して、事故によるけがの治療と考えられる内容であれば、当面一括払いを続けていくことになるね。

新保　はい。ところで、逆に一括払いを控えたほうがいいのは、どのような場合でしょうか。まず、契約者側の過失がない時は当然でしょうが、過失が小さそうなときも同じでしょうか。

課長　そうだね。そのような場合は一括払いをしないことが多いと思う。被害者の過失が大きいなら、治療費も多くは被害者の負担になるし、被害者にとっても、健康保険を使って治療費を抑えたほうが自賠責の回収も含めて有利になることが多いからね。

新保　なるほど。あとは、今回の事故でけがをしたということに疑問が残るときは一括払いを見送るべきだと聞きますが、実際にはどのようなケースがありますか。

課長　たとえば、事故状況からは被害者の申告するようなけがを想定しづらいときや、事故から最初の通院まで時間が空いているとき、もともと通院していて以前の症状との区別がつかないときなどは、事故との因果関係がよくわからないよね。追加で必要な調査をして、問題がないと確認してから一括払いを開始するという方法もあるね。

新保　その場合、「調査が終わるまでの間は、治療費は被害者の方が立て替えておいてください」という説明でいいのでしょうか。

課長　そういう説明をしてしまっている人もいるけど、理屈としては間違いだね。

　病院は、あくまで患者である被害者との診療契約で治療をしていて、本来は病院が治療費を請求できるのは本来患者本人だけなんだ。逆にいえば、病院への治療費の支払義務はあくまで患者である被害者だけが負っている。患者である被害者が治療費を「立て替える」という表現は、誤解を招くのでやめたほうがいいだろう。

新保　でも、一括払いの場合は病院と保険会社の間でお金のやりとりをするわけですよね。

　これは病院と保険会社の契約関係ではなくて、スムーズに払えるように間を飛ばしているだけということですか。

課長　そのとおり。過去の裁判例でも、一括払いは保険会社が便宜上行うもので、事実上の立替払いにすぎないと判断されているよ。

新保　なるほど、勉強になりました。それでは、Ａさんについてはまず今の通院先の病院に連絡をして一括払いを始めますね。

解　説

1　一括払いとは

病院で治療を受けた場合、通常は患者がそのつど窓口で治療費を支払う。

交通事故の被害者であっても本来は同じことで、患者は診療契約の相手方である医療機関に対して治療費を払う義務がある。また、加害者は被害者に対して、事故により発生した損害を賠償する義務がある。さらに、保険会社は、加害者との保険契約に従って、加害者が被害者に支払うべき損害賠償金を保険金として支払う。

この法律関係に従うと、①被害者から医療機関への治療費支払い、②加害者から被害者への賠償金支払い、③（自賠責または任意）保険会社から加害者（被保険者）への保険金支払いと、三段階の支払いが発生してしまうことになる。

このような手間を省略し、スムーズな支払いを実現するための制度が、いわゆる「一括払い」である。自賠責保険で担保可能な部分も含めて任意保険会社がまず一括して治療費等を支払う（その後に自賠責に求償する）というのが本来の語源であるが、実務上は、単に任意保険会社が治療費を病院に直接支払うことを指して「一括払い」と表現していることが多いと思われる。

具体的な手順としては、まず加害者加入の任意保険会社から医療機関に対し、一括払いを希望する旨の連絡を入れる。医療機関がこれに応じると、基本的に１か月ごとに、診断書・診療報酬明細書・請求書が医療機関から任意保険会社に送付され、任意保険会社が内容を確認して、医療機関の指定口座に治療費や文書料を振り込むことになる。

2 一括払いの法的性質

一括払いの法的性質については、議論になることが少なくない。

たとえば、加害者側が既払いの治療費の一部について事故との相当因果関係を争った場合に、被害者側が、「治療費を一括払いした時点で加害者はその治療費を損害と認めており、これを撤回することは禁反言に抵触し許されない」とか、「一括払いの申し入れによって加害者による診療報酬債務の債務引受が成立している」等と反論するケースがある。

しかし、上記の被害者側の主張のように、一括払いをした治療費の相当性を事後的に争うことが許されないとなれば、任意保険会社としては、カルテなどがなく症状の詳細を検討できない段階で一括払いをすること自体を控えざるを得ず、大局的にはかえって被害者保護に反する結果になるであろう。

この点、大阪高判平成元年５月12日判タ705号202頁は、被害者の診療をした医師が加害者側の任意保険会社を相手として、治療費請求の訴訟を提起した事例である。この判例で裁判所は、一括払いについて、「いずれは支払いを免れないと認められる範囲の治療費を一括して立て替え払いしている事実を指すにすぎ」ないとして、「保険会社に対し医療機関への被害者の治療費一般の支払い義務を課し、医療機関に対し右治療費の支払い請求権を付与する合意を含むものではない」と述べている。少々古い事例ではあるが、この判例の考え方と同様に現在の実務も運用されている。

3 被害者が治療費を「立て替える」という表現の問題

任意保険会社の担当者との会話の中で、「治療費は被害者が立て替えている」という言葉を聞くことが少なくない。任意保険会社では一括払いを行う例が非常に多く、また上記のような法律関係を意識する局面も少ないため、やむを得ない面があるだろう。

しかし、被害者に対してこのような言い方をしてしまうと、場合によってはトラブルになることが懸念される。

のちにその治療は事故との相当因果関係を認められないという判断になった場合、保険会社としては当然治療費は損害として計上できない。しかし支払った治療費はすべて既払金にカウントするので、慰謝料等他の損害から差し引かれたような格好になる。

このようなケースで、被害者が治療費を“立て替えた”と表現していると、その治療費は“加害者（あるいは保険会社）が本来支払うべきもの”であると被害者に受け取られる。つまり、「立替金である以上、貸したお金と同じように、因果関係の議論とは関係なく当然清算されるべきである」と被害者が考えてしまうおそれがある。

繰り返しになるが、治療費は本来あくまで患者が医療機関に対して支払うべきものである。その治療費を賠償金として支払う義務が生じるのは、加害者側の過失や、治療と事故との相当因果関係が認められる場合のみである。また、その場合でも、医療機関に対しては加害者やその契約任意保険会社は何ら支払義務を負う立場にはない。

これに対し、一括払いは、裁判手続や示談等によって賠償義務が正式に確定するのを待たずして、暫定的に加害者側が治療費を医療機関へ支払うものであるから、むしろこちらのほうが保険会社による「立て替え」という表現になじむであろう。なお、前掲の大阪高判平成元年５月12日も、一括払いを「立て替え払い」と表現している。

4 一括払い開始前の事故状況の確認の重要性

多くの損害保険会社においては、人損と物損とで担当者を分けている。したがって、人損の担当者は、当該事故でどの程度の物的損害が生じたのかを詳しく把握せず、「追突」などの抽象的な事故類型の知識だけで対応を進めてしまうことが生じ得る。

しかし、その事故によってどの程度の受傷が想定されるかを考えるにあたっては、前提となる事故状況の確定が欠かせない。裁判でも、車両同士の事故で受傷の程度に争いがある場合、たとえ物損が請求に含まれていなくても、事故後の車両写真や修理見積を裁判官から求められることが多い。

したがって、過失割合や物損状況に争いのない事案であっても、人損の担当者は、事故状況と物損状況を正確に把握することを心掛けるべきである。なお、事故状況の確認の方法については、Ｑ８を参照されたい。

また、軽微な追突事故等で加害者側の車両には全く損傷がなく、車両保険を使わない、修理もしないという場合でも、「加害者の車両に損傷がなかった」という点を明らかにするため、契約者に依頼して、事故からなるべく早い時期に写真を撮って送ってもらうとよいであろう。

Q12　前事故で通院中の事故の場合はどのように処理すべきか

A　まず、前事故での受傷部位と通院先、治療状況をよく確認する。今回の事故の受傷と比較して、両者を明確に切り分けられるかどうかを検討する。

［導入対話］

新保　課長、また相談させてください。昨日事故報告があった人身事故なのですが、契約者さんが被害者の方と現場で話をしたところ、「3か月前にも交通事故に遭っていて、今も病院に行った帰りだ」と言っていたとのことです。なんか引っ掛かるのですが、一括払いしてもいいものでしょうか。

課長　今回の事故状況はどんな感じかな。

新保　今回は契約者さんの車にドライブレコーダーが付いていました。渋滞で停止中にブレーキから足が離れて追突した事故のようで、ドラレコの表示だとぶつかった時の速度は時速3キロ程度です。これがその映像です。

課長　……確かに。この事故だと、車の損傷もほとんどない感じかな。

新保　はい。契約者さんから写真をもらいましたが、正直私にはどこが損傷箇所なのかわかりません。

課長　映像には事故の後の被害者さんの様子も映っているね。

新保　はい。車から降りて契約者さんと話している様子が映っています。どこかを痛がる様子は映像では見えません。

課長　被害者さんは、前事故の関係で通院した帰りだよね。今後については、契約者さんにはどんな話をしてたの。

新保　はい。「病院に5日後に予約をとっているけど、また事故に遭ってしまったので、予定を早めて明日また行こうかな」と言っていたそうです。

課長　なるほど……。前事故がどんな事故で、治療がどんな状況だったのかはわかるかな。

新保　そこまでは確認がとれていません。

課長　では、まず被害者さんにその点を確認することだね。映像では、今回の事故でけがをしたか疑問が残る。あるとしたらむち打ちだろうけど、前の事故でも頚椎捻挫や腰椎捻挫の診断で、まだ通院中だったら、今回の事故のせいなのか前の事故のせいなのか、区別がかなり難しくなるよね。

新保　被害者さんの同意が得られるなら、前事故の後から通っている病院に照会して、その点も含めて医師の見解を確認したらいいでしょうか。

課長　そうだね。ところで、たとえば「頚椎捻挫で通院していて、改善はしてきていたが、今回の事故でまた悪くなった」と医師が回答したり、被害者さんが主張したりしたとする。さらに、前事故の任意保険会社は、「後の事故が起きた以上はもう一括払いはできない」と言ってきたとする。この場合、治療費はどうすべきだと思う？

新保　そうですね……私としては前事故の通院が続いているだけのように感じますが、前事故の任意保険会社としてみれば、そもそも一括払いは義務ではないし、自賠責の問題もあるし、前事故と後事故どちらのせいかわからない以上は払えないという立場もわかる気がします。でも、それを言ったらうちも同じですよね。

課長　そうだね。今回の事故で受傷があったのか自体が不明確だとしたら、健康保険を使って通院してもらって、あとは被害者さんのほうで、どちらにいくら請求するのか、判断してもらうことになるだろうね。これは治療費に限らずだね。

新保　とはいえ、同じ期間の傷害慰謝料や休業損害を、両方に二重に請求するわけにはいかないですよね。

課長　もちろん。共同不法行為という考え方はあるけど、その場合も払われる金額が2倍になるわけではなくて、両方の加害者が連帯して支払う義務を負うことになる。また、通常、時間と場所の離れた二つの事故は共同不法行為にならない。

新保　なるほど。だとすると被害者さんとしたら対応が難しくなりますね。どうするのが正解でしょうか。前事故について、後事故まででで治療期間を切ってしまって先に示談をして、あとは後事故の相手に請求するのが簡単でしょうか。

課長　それは一番やってはいけないパターンだね。

恐ろしいことに、インターネットなどでは「二度目の事故が発生した時点で一度目の損害が確定し、その後の損害賠償義務は二度目の事故の加害者が引き継ぐ」なんて書いているサイトが結構ある。

だけど、常識的に考えてみてほしい。前事故でけがをしてまだ通院を続けていたのに、後事故の瞬間から前事故の症状がピタッと治るなんてことは普通あり得ないし、赤の他人が以前に起こした事故の賠償責任を肩代わりして引き継ぐなんてこともあるはずがないよね。

後の事故以降に生じた損害をすべて後の事故の相手に請求したら、後の事故より前からあった症状なら後の事故とは相当因果関係がないと言われかねないし、仮にもともとの症状が増悪したとしても、「素因減額」といって、後事故よりも前からの症状が原因となっている部分を減額すべきと相手に主張されてしまう。

新保　その主張が認められて、後事故以降に発生した損害の賠償額が減額された場合に、減額分を前事故の相手に請求しても「示談済みです」と言われてしまうわけですね。

課長　そのとおり。だから、全部の治療が終わるまで前事故についても示談をしないでおいて、治療が終わってから両方に請求するのが正解だろう。本来は共同不法行為ではないのだけど、便宜上共同不法行為だと主張して両方に全額を請求すれば、前事故が原因なら前事故の相手、今回の事故ならこちらに賠償責任が認められ、とりっぱぐれはなくなるね。あとは、事故の寄与度に応じて金額を割り付ける方法もある。

新保 割り付けるというと、具体的にはどうなるのでしょう。

課長 すごく簡単な例でいえば、前事故から後事故までに発生した損害が200万円、後事故以降に治療終了までに発生した損害は100万円、ただし、後事故以降の症状は50%は前事故が寄与したものとする。この場合、前事故の相手には200＋100×0.5で250万円、後事故の相手には残りの50万円を請求するということだね。

新保 なるほど……。２件の事故が絡むと、加害者側はもちろんですが、被害者さんにとっても複雑になってしまいますね。弁護士費用特約があったら、弁護士に依頼されたほうがよいのでしょうね。

課長 そうだね。ただ、弁護士でも後の事故の前までで区切って前事故の示談をしてしまった人がいたけどね。その後に後事故の加害者だけを相手に訴訟をしたが、素因減額でかなり認容額が減ってしまった。

新保 それは被害者の方が気の毒ですね……。

解　説

1 交通事故による共同不法行為とは

「共同不法行為」については、同じ言葉でも、損害賠償一般における概念と自賠責保険における概念に大きな相違がある。弁護士には損害賠償一般の概念のほうがなじみがあり、損保の担当者には自賠責保険の概念のほうがなじみがある場合が多いようであるが、混同しないように注意が必要である。

(1) 一般的な「共同不法行為」

民法上、共同不法行為とは、複数の者が共同の不法行為によって他人に損害を与えることをいい、この場合は各自が連帯してその損害を賠償する義務を負う（民法719条１項前段）。また、共同行為者のうちいずれの者がその損害を加えたかを知ることができないときも、同様とするとされている（同項後段）。

ＡとＢの二人が意を通じてＣに暴力を加えたという場合が共同不法行為の典型例であるが、過失でも共同不法行為は成立する。したがって、交通事故でも、たとえば、信号のない交差点で直進したＡ車と右折したＢ車の衝突事故があり、これにより交差点に面したＣの家が破壊されたという場合、Ｃからみると Ａ と Ｂ の共同不法行為となる。これらの場合、ＡとＢは連帯してＣに生じた損害の全額を賠償する義務を負う。

交通事故で頻繁に問題になるのは、［導入対話］の事例のように、被害者は同じだが、全く別の二つの事故が存在するケースである。このような場合、基本的には、「時間的・場所的近接性」がない限り、共同不法行為の成立が否定される。「時間的・場所的近接性」がある場合とは、典型的には玉突きの追突事故のようなケースである。

別の機会、別の場所で起きた交通事故について、共同不法行為の成立が認められることはかなり限定的であることを意識する必要がある。具体的な事例については、「時間的・場所的に近接しない複数の事故により同一部位を受傷した場合における民法719条１項後段の適用の可否等」（神谷善英・赤い本〔平成28年版〕下巻５頁）が大変参考になる。

(2)　自賠責保険における「共同不法行為」

一方、自賠責保険では、時間的・場所的近接性のない複数の事故であっても、「（異時）共同不法行為」とよび、単に複数の事故が起きた場合とは異なる処理をする。

まず、当然、前事故から後事故発生までに生じた治療費は、前事故の自賠責保険のみから支払われる。

一方、後事故以降に生じた治療費については、自賠責では120万円まではすべて後事故の自賠責保険から支払う。たとえ前事故が症状に大きく寄与していたとしても、前事故の自賠責から支払われることはないし、逆に後事故の自賠責保険支払いにおいて素因や寄与度による減額をされることもない。

これはあくまで自賠責独自の運用であって損害賠償のルールとは異なるが、損害保険会社の担当者は誤解・混同しがちなようである。後事故が発生したという偶然の事情によって、以後の全損害について前事故の加害者が免責されるのは不当であることは、バランス感覚として理解できるであろう。法的な損害賠償の考え方は［導入対話］における課長の説明のとおりであり、後事故発生以降の損害についても前事故の当事者が賠償責任を負うことは十分あり得るし、逆に後事故の当事者は前事故が寄与して拡大した損害について責任を負うことは基本的にない。

なお、自賠責保険の後遺障害部分については、このようなケースでは２件分の自賠責保険を使うことができる。たとえば、前事故で頚椎捻挫となり６か月通院したところで後事故が発生し、頚椎捻挫でさらに６か月通院したという場合、通算12か月の通院を前提に後遺障害が判断され、後遺障害等級が認定されると２件分の保険金が支払われる。たとえば14級の認定の場合、75万円×２＝150万円が自賠責で担保できることになる。たとえ前事故の寄与度が３割であっても、75万円×0.3というような計算はしない。

自賠責保険は制度としての簡明さと被害者保護の理念が重視されているのに対し、損害賠償においては「損害の公平な分担」が重視されているということを意識しておくとよいだろう。

2 素因減額とは

一般に、被害者が被害を受ける以前から有していた特性を「素因」といい、素因によって損害が拡大した場合に、その範囲において加害者の損害賠償義務を減額することを「素因減額」という。

［導入対話］のケースでいえば、前事故で受傷し治療が継続していた傷病は、後事故の当事者からみれば被害者の素因であるということになる。両事故での受傷部位が同じ場合はもちろん、部位が全く異なる場合であっても、たとえば被害者が休業した原因は前事故の症状なのか後事故の症状なのかと

いう点で、素因減額が問題となってくる。

素因は体質的なものに限らず、心因性の素因が問題になるケースも多い。被害者の精神的な問題によって治療が長期化したケースがその典型例である。

もっとも、すべてにおいて完全に平均的な人間は存在しないため、何を素因減額の対象とすべきなのか、対象とするとしてどの程度の減額が妥当なのか、素因減額の問題なのか相当因果関係の問題なのかなど、評価の難しい問題が多い。

また、事実関係の問題としても、訴訟外の手続では、素因の内容や程度を精査するための資料（事故前の治療歴やカルテ等）を入手することが容易ではない。そのため、前事故や既往症がある場合、適切な損害算定のためには弁護士委任、訴訟移行が必要となるケースが多いであろう。

なお、赤い本下巻では、平成21年版に素因減額全般に関する解説があり（鈴木祐治「素因減額」同書51頁）、平成29年版にはその中でも心因性の素因を理由とする減額についての解説があり（山﨑克人「心因的要因を理由とする減額」同書65頁）、どちらも実務上参考になる。

Q13 治療費をいつまで一括払いするかの判断基準は何か（一般論編）

A 診断書、診療報酬明細書等を基に治療内容を精査し、事故状況にも照らし、問題がないかを確認する。形式的に「○か月経過したから」というだけの理由で判断すべきではない。

［導入対話］

新保 先日一括払いの件で相談した追突事故の被害者のＡさんの件ですが、相談したとおり、当社から病院に直接治療費を支払っています。研修で勉強しましたが、これはＡさんが通院を続けている限り無条件で支払いを続けるわけではなく、事故と相当因果関係のある治療の範囲で支払いをする、症状固定になった後の治療費は基本的に負担しない、ということですよね。

課長 そのとおりだね。

新保 でも、「相当因果関係のある治療」なのか、「症状固定」になったかどうかって、どうやって判断するのでしょうか。もちろん、あとで裁判になれば裁判所がいつまでが相当な治療だと判断するというのはわかります。でも、それは治療が全部終わってからの事後的な話ですよね。私たちの仕事は、通院が続いている今、それを考えなければいけないわけですよね。

課長 そのとおり。そこがこの仕事の難しいところだよね。君はどうやって判断したらいいと思うかな。

新保 「この傷病名なら治療費を払うのは何か月」とか、社内でルールがあるのでしょうか。そういう明確なルールがあると正直助かるかなと……。

課長 少なくともうちにはそういうルールはないね。病気でもけがでも、同じ傷病名でも症状は人それぞれだよね。傷病名によっては平均的にどのくらいの治療期間という統計はあるし、それも十分参考には値する。だけど、当然平均よりも早く治ることもあれば、長引くこともある。まずはどんな事故なのか。そして、どんなけがをして、どんな治療をしているのか、きちんと検討しないとね。

新保　なるほど。まず事故の状況ですね。同じ追突でも、車両がぐしゃりと潰れてしまっているような事案もあれば、どこに当たったのかわからないような事故もありますね。

課長　そうだね。前者のほうが事故の衝撃は大きく、治療期間も長くなりやすいと普通は考えるだろうね。

新保　それから、どんなけがかですね。追突だといわゆるむち打ち、傷病名でいうと「頚椎捻挫」「腰椎捻挫」が多いですね。

課長　その場合、画像では骨折などの外傷所見がなかったという例が多いと思うけど、画像撮影を含めどんな検査をしているのかは要確認だね。

新保　次に治療内容ですね。これは何を基に判断したらよいのでしょうか。今の段階だと、カルテをみられるわけではないですよね。

課長　毎月、診断書と診療報酬明細書が送られてきているよね。まずはその内容をみることだね。そこで十分な情報が得られなければ、医師に状況を尋ねることもあるよ。

新保　なるほど。画一的に決まっているわけではなくて、あくまで事案ごとの判断ということですね。

課長　そのとおり。では、Aさんのケースについては次にみていこう。

解　説

交通事故の加害者は、事故と相当因果関係のある治療費について損害賠償義務を負う。また、症状固定後の治療費については、一般的には損害賠償義務が否定される。

しかし、現に通院が継続している状況で、どこまでの治療費について加害者が賠償義務を負うのかを確定することは容易ではない。

たとえば、「加害者側の任意保険会社が１年間治療費の支払いを続け、その後さらに１年間被害者が健康保険を利用して通院を続けて症状固定となり、その後裁判となった」というケースを想定する。このような場合、裁判手続の中でカルテ等の医療記録を取り寄せ、双方が主張立証を行った結果、事故と相当因果関係のある治療は、一括払い終了よりも早い事故後半年であるという判断がされるケースもあれば、治療期間２年すべてであると判断されるケースもある。さらにいえば、全く同じ被害者、同じ事故状況、同じカルテの内容であったとしても、当事者代理人の主張立証のあり方や裁判官の個性によって、裁判所の判断は大きく変わりうるであろう。

つまり、相当治療期間の判断は非常にファジーになってしまっているのが実情であり、「○○の場合は治療期間は○か月となる」というような画一的な答えなどない、ということをまず念頭におく必要がある。

見方を変えれば、「絶対的・画一的な根拠がない限り治療費の支払いを続けなければならない」という発想もまた誤りということである。Q11のとおり、治療費の一括払いは加害者側の法的義務ではないから、治療の必要性や相当性に疑義が生じ、これを解消できないのであれば、その点を被害者に伝えたうえで以後の支払いは留保することを検討すべきである。

長く一括払いを続け、のちの裁判で治療期間が制限されると、既払いの治療費が裁判所が相当と認める治療費を上回り、慰謝料等他の損害も含めた総額から差し引かれるという結果になりかねない。一括払いの継続は必ずしも被害者のためになるとはいえないことにも留意すべきであろう。

Q14　治療費をいつまで一括払いするかの判断基準は何か（事例編）

A　診断書、診療報酬明細書等を基に治療内容を精査し、事故状況との整合性や治療状況の妥当性を検討する。情報が不足する場合は、適宜医療調査を実施する。

［導入対話］

新保　これが○×病院から届いたＡさんの今月までの診断書、診療報酬明細書です。ここまでの治療費は、すでに当社から○×病院に支払済みです。

課長　今届いているのは３か月目までだけど、過去２か月も通院日数等が違うだけで内容的にはだいたい同じだね。診断書をみて、率直に感じたことを聞かせてくれるかな。

新保　はい。まず傷病名の欄なのですが、１月と２月の診断書は「頚椎捻挫」と「腰椎捻挫」だけだったのに、３月から「左肘関節捻挫」が加わっています。課長に相談しようと思ったのもそれが主な理由です。

課長　事故から２か月以上経ってから、左肘が痛くなったのだろうか。普通はあまりなさそうな話だし、あったとして、それは事故が原因なのか疑問があるね。車同士の追突事故で左肘をけがする機転も確認する必要があるだろう。

新保　はい。治療費も、３月は２月の倍くらいになっていて、なぜだろうと思ったら、通院日数が倍以上になっていました。

課長　確かに、１月が10日、２月が５日と減っていたのに、３月は11日に増えているね。いったいどんな事情があったのだろうか。左肘のことが関係しているのかな。

新保　「症状の経過・治療の内容および今後の見通し」の欄をみたのですが、３か月とも「保存的に加療した」としか書いていません。これでは、どんな症状でどんな治療をしたのか、なぜ3月から左肘関節捻挫も付いているのか、よくわからないです。

課長　そのとおりだね。でも、実際のところこういう診断書はすごく多い。「検査所見」の欄には「XP 上異常なし」と書かれていて、最初の月の診療報酬明細をみると頚と腰のレントゲンを撮り、3月は左肘のレントゲンを撮ったことがわかる。そのうえで捻挫の診断ということは、レントゲン画像でわかるような骨折などの異常はなかったということだね。

新保　はい。それ以上のことを知りたいと思ったら、Aさんの同意を得てカルテを出してもらうしかないのでしょうか。

課長　治療中にカルテを出してもらうということは、あまりやらないな。治療内容がわからない中であまりに治療が長引く場合は、医療の専門職にお願いして、医師に話を聞きに行ってもらったり、文書で照会をしてもらうことはよくあるよ。

新保　なるほど。あと、「既往歴および既存障害」の欄が「無」になっています。Aさんには頚や腰の既往歴はないと理解してよいのでしょうか。

課長　いや、これはあくまで○×病院の記録だからね。Aさんに同じような傷病名での治療歴が過去にあっても、行ったのが別の病院ならば、当然「無」に○を付けられるだろう。○×病院はAさんの家から少し離れているから、かかりつけではない可能性も高いね。

新保　なるほど。紹介状でもない限り、他の病院のことまではわからないですよね。

課長　Aさんの一括払いを続けるかどうかは、医療調査をして慎重に検討しよう。

解　説

1 診断書・診療報酬明細書のチェックポイント

診断書の「症状の経過・治療の内容および今後の見通し」の欄は、適切に記載されていれば患者の状況を具体的に知ることができる。

しかし、残念ながら、［導入対話］でのケースのように、この欄に十分な情報が記載されていない例が多い。むしろ、①症状の経過、②治療の内容、③今後の見通しのすべてが適切に記載されていることのほうが少ないほどである。「保存的に加療した」「上記診断で通院加療中である」「経過観察中」などの一行だけが毎月繰り返されるというのがその典型例である。また、一見すると詳しく書かれている場合であっても、半年あるいは１年以上も、全く同じ記載がコピーアンドペーストされていることも多い。

このような場合でも、診療報酬明細書をみれば、どのような治療がなされたのかを一応推測することはできる。たとえば、どの部位の画像撮影をしたのか、どのような内服薬や外用薬を処方しているのか、消炎鎮痛処置は行っているのか、といった情報が読み取れる。

処置の内容に一向に変化がなく、診断書の記載にも変化が読み取れない状態が続く場合は、治療を続けても特段の変化が期待できない状態、すなわち症状固定に至っている可能性もある。その判断に迷う場合は、医療調査という選択肢もある。

自賠責の傷害部分（120万円）の範囲を超えていない等の理由で、内容を精査しないまま漫然と機械的に支払処理を続けてしまうことのないよう注意したい。

2 医療調査の重要性

多くの損害保険会社では、医療調査のための専門スタッフを配備している。「医療アジャスタ」「MI（メディカル・インスペクター）」など会社により呼称はさまざまであるが、おおむね、①被害者の通院先医療機関との面談および文書照会、②検討レポートの作成、③顧問医への相談、顧問医意見書の取りまとめ等の業務を担当していることが多い。

症状が重篤で損害額が高額化すると予想されるケース、通院が想定よりも長期化しているケース、素因等があり事故と症状との因果関係に疑問が生じるケース等では、医療面での事実調査が欠かせず、こうした専門スタッフが大きな役割を担うことになる。

ただし、医療スタッフは医師でもなければ法律家でもないので、本来の役割を超えた過大な仕事を求めることは禁物である。医療スタッフのレポートを証拠とすることは通常予定されていないので、通院先医療機関の見解を証拠化したいならば必ず書面での照会を行う必要があるし、外部の第三者の医学的意見を証拠としたい場合には顧問医等の意見書を求める必要がある。

また、訴訟等で全面的に医療スタッフの意見に依拠して主張を組み立てることも問題がある。弁護士は、裁判官のキャラクター、相手方本人や相手方代理人の性質等を感じ取りつつ、実務経験の中で培った訴訟戦術の中で主張を組み立てている。特に医療記録が膨大な事案などでは、医療スタッフによって整理された情報は弁護士にとっても役立つものであることも多いが、一方で、評価にわたる医療スタッフの意見の内容は裁判官の思考回路や裁判実務の傾向にはなじまないこともある。主張の取捨選択や濃淡の調整はまさに法的技術の分野であり、弁護士が自身の判断と責任において行うべきものである。医療スタッフに方針を丸投げしたような訴訟遂行にならないよう、弁護士も担当者も注意すべきであろう。

Q15　複数の医療機関を受診することの妥当性はどのように判断すべきか

A　受診の目的、経緯などを確認し、合理性があるかどうかを検討する。

［導入対話］

新保　被害者のBさんは頸椎捻挫で○×総合病院に2か月くらい通院しているのですが、通院先を替えたいという連絡がありました。こういった場合はどうしたらよいのでしょうか。

課長　大前提として、どの病院に通うのかはあくまで患者さんである被害者が決めることだから、自由にしてもらって構わない。この点は誤解を与えないように気を付けないといけないね。

だけど、その治療費をこちらから支払うかはこちらが判断することなので、今一括払いをしている病院から通院先を替えるなら理由を確認する必要があるね。Bさんは何と言っていた？　今はどんな治療をしているのかな。

新保　はい、○×総合病院は車で片道30分くらいかかるうえ、予約をしても1時間くらい待たされることが多いし、医師は目も合わせずに「変わりないですね」と言うだけでほとんど話を聞いてくれないと。あとは理学療法士とリハビリをして、いつも同じ薬を出されて終わりで、良くなっている感じがないのに医師と相談できないとのことでした。

課長　なるほど。○×総合病院で画像を撮って、画像上は異常がなく頸椎捻挫の診断になり、リハビリ中心の治療になっているという状況だよね。だとしたら、もっと通いやすいところに移りたいのもわかるね。次の病院のあてはあるのかな。

新保　はい。「最初は大きい病院のほうが安心だと思ったけれど、家の近くに△△整形外科という小さな病院があるので、保険会社のほうで問題がないならそちらに行ってみようかと思っている」とのことでした。

課長　そういう理由なら、○×総合病院から△△整形外科宛てに診療情報提供書を書いてくれると思うから、そのうえで病院を替えてもらうのがいいと思うよ。

新保　○×総合病院に何も言わずに病院を替えるのは問題がありますか。

課長　そうだね。前の病院で何をしていたのか情報共有できないと、次の病院で適切な治療ができないおそれがあるし、効果がなかった治療やすでに試みた検査を繰り返したりすると、金銭的にも身体的にも無駄な負担が増えてしまうから、あまりよくないと思う。

新保　なるほど。課長は実際にそういったケースがありましたか。

課長　「ドクターショッピング」という言葉があるように、比較的短期間で次から次へと病院を替える人は、交通事故に限らず多いと聞くね。

　私の経験でいえば、そういった場合は病院や医師と患者との間で何らかの対立が生じていることも多い。交通事故だと、きっかけになりやすいのは診断書だね。訴訟になってカルテを取り寄せてみたら、患者から「休業が必要」という診断書や「症状の原因は交通事故である」と断定するような診断書を依頼され、医師が見解の相違を理由に作成を断ると、以後病院を替えたということが繰り返されていたケースもあった。

　それは極端な例だとしても、診療情報提供書もなく転院してしまうと、病院を替えるたびに「2、3か月様子をみましょう」というような話で、症状も改善せず賠償の話も進まないということになりかねないね。

新保　なるほど……。ちなみに、病院を替えることの注意点はわかりましたが、複数の病院を同時並行して受診することにはどのような問題がありますか。

課長　それも理由によるね。当たり前だけど、たとえば整形外科と脳神経外科とか、受傷内容に応じて複数の診療科を受診しなければいけない場合がある。

整形外科同士でも、たとえば骨折した患者さんだと、大きな病院で数か月おきに画像を撮影して癒合が進んでいるかを確認しながら、近くの病院で他の部位の痛みの対処やリハビリをするというパターンも多い。小さな病院でレントゲンやMRIの設備がない場合は、小さな病院に紹介状を書いてもらって画像だけ別の病院で撮ってもらうことも結構多い。こういった場合には、並行して通うことに合理性があると考えやすいね。

一方で、同じような治療を複数の病院で並行している場合や、医師が知らない間に別の病院にも通っているような場合も稀にある。こういった場合は、治療の必要性・相当性を問題にすべきことが多いと思うね。

新保　なるほど。とにかく、事情をしっかり確認することが大切ですね。

解　説

1　通院先の選択

どの病院に通うかは、あくまで患者となる本人が決めることである。加害者側の保険会社や事故担当者としては、被害者に病院のあてがない場合に近隣の病院の情報を提供することは一向に差し支えないであろうが、「この病院に通うように」あるいは「この病院には通わないように」と指定する立場にはない。

保険会社の担当者であればこのことは理解されているであろうが、話の流れから、誤解を招くことがないように注意が必要である。たとえば、「通院先を○○病院に替えてよいか」と聞かれたときに、「よい」「よくない」とシンプルに答えてしまうことのないよう注意したい。

2 診療情報提供書の重要性

ある病院から他の病院へ転院する際、あるいは元の病院の了解のうえで並行して通院を行う場合、医師から医師への「診療情報提供書」(「紹介状」などとされていることもある)が作成されることが多い。

交通事故の場合、患者から聞き取った受傷機転、それまでの治療の内容、紹介をする目的(リハビリをしてほしい、検査をしてほしい等)等が記載される。これにより、次の医療機関でもこれまでの治療の経過を踏まえた適切な対処が可能になる。

診療情報提供書が作成されていない場合、患者が前医の確認をとらずに、自己判断で次の医療機関への通院を開始した可能性がある。その一事をもって必ずしも後の通院の相当性が否定されるものではないが、治療の長期化や症状の遷延を招く原因になり、治療の相当性の問題に影響することを念頭におくべきであろう。

ところで、後に訴訟等になった場合も、診療情報提供書は有力な資料になる。膨大なカルテの中で、診療情報提供書は最も簡潔に症状や治療の推移がまとめられている。かつ、万策尽きて紹介に至ったケースなどでは、カルテには書かれていない医師の率直な見立てが記載されていることも多いので、参考にしたい。

Q16　整骨院での施術費支払いをするかの判断基準は何か。また、施術費の中で注意すべき点はどこか

A　まず、医師の指示や同意があるかどうかを確認する。特に骨折・脱臼の場合、法律上も医師の同意のない施術は許されていないことに注意する。施術費については、病院の診断名にない部位の施術費が計上されていないか、施術費が妥当か等に注意する。

［導入対話］

新保　あるむち打ちの被害者さんは頚椎捻挫、腰椎捻挫の診断で、1か月くらい通院しています。先日、「症状がなかなか良くならないので、近所の整骨院に通いたい」と連絡がありました。どのように考えるべきでしょうか。

課長　まず大前提として、病院のときと同様に、通院するのはあくまで本人の自由だということはわかるね（Q15参照）。問題は、その費用を損害と認めてこちらから支払うかどうか。被害者さんは医師には相談しているのかな。

新保　していないようです。医師と折り合いが悪いというのも、整骨院に通いたい理由の一つになっているような話でした。

課長　うーん……。だとすれば、まず医師ときちんと話し合うこと、それでもだめならまず病院を替えることを考えたほうがよいと思うけどね。仮に整骨院に通うとしても、病院にも通うのでなければ医師による症状の管理ができないわけで、少なくとも当社からの一括払いは難しいね。

新保　医師の指示や同意というのは、必須のものなのでしょうか。

課長　まず、骨折や脱臼の部位については、応急手当を除いては、柔道整復師が医師の同意なく施術することは許されていない。これは柔道整復師法17条にはっきりと書いてあるのだけど、実際には、医師の同意がないのに、骨折や脱臼の部位に施術をしたとして施術費を

請求されることも少なくないので注意してほしい。

新保　そうなのですね、知りませんでした。よくある、打撲や捻挫のケースではどうでしょうか。

課長　打撲や捻挫については、法律上医師の同意が必須とされているわけではない。ただ、裁判になった場合は、整骨院での治療の相当性を判断するにあたって、医師の指示や同意があったかどうかはかなり重視される傾向にある。

現実問題、医師が把握していない中で患者が整骨院に通い、どんな施術を受けているかもわからないとなると、医師としてはその後の患者の症状に責任をもてなくなってしまうだろうし、病院と整骨院で同じようなリハビリをしてしまうこともある。

新保　確かにそうですね。それでは、まず整骨院に行く前に医師と相談してもらうようにします。ところで、整骨院に行くようになってこちらが一括払いしたら、施術証明書・施術費明細書が送られてくるわけですよね。どのあたりを注意したらよいでしょうか。

課長　まず、整骨院は部位ごとに施術費を計上するような方式になっている。結構よくあるのは、病院では頚椎捻挫の診断だけなのに、整骨院では頚椎と腰椎で２部位の請求をしているなど、病院で診断されていない部位の施術費が計上されているケースだね。これは裁判でも相当性が否定されることが多いから、病院の診断と部位が合っているかどうかは最低限確認したほうがいいね。

新保　なるほど、わかりました。ほかにも、施術費で問題になるケースはありますか。

課長　病院では打撲、捻挫の診断で、月に１度の経過観察だけで特に処置もされていないのに、整骨院には毎日のように通って、月に10万円以上の請求がされるというようなケースが結構ある。こういった事情は、施術の相当性の問題として裁判でもよく争点になるようだね。

　また、健保や労災を使わない自由診療である以上、整骨院は患者さんとの合意で自由に単価を決めることができる。ただ、そのうち加害者側が支払義務を負うのは、あくまで損害として妥当な範囲に限られる。中には、健保や労災の基準よりもはるかに高い単価で請求をしてくる整骨院もあるから、注意が必要だね。

新保　病院への一括払いの話で教えていただいたように（Q11参照）、契約の当事者は患者さんと医療機関であって、こちらは便宜上その費用を患者さんを通さずに払っているということですよね。もし高額な施術費の請求が妥当だと整骨院が言うのであれば、まず患者である被害者さんに請求してもらって、こちらとしては被害者さんとの間で適切な賠償の範囲について話をして、折り合いがつかなければ裁判所での解決を図るということですね。

課長　そのとおり。施術費が過大にかかってしまうと、被害者さんにとっては全額が損害として認められずに自己負担が発生する可能性があるし、認められても被害者さん自身にメリットがあるわけではない。

　近頃は、整骨院が「どれだけ通っても被害者さんには負担がなく、逆に受け取れる慰謝料が増える」とアピールしたりしている。場合によっては「お見舞金」と称して被害者さんにキャッシュバックしている医療機関もあるので、注意が必要だ。

新保　その「お見舞金」の原資は、保険会社から支払われるその患者さんの分の施術費ということですか。

課長　そうだろうね。もちろん、大部分の医療機関はそんなことをせずにきちんとやっていると思うけどね。

解　説

1 裁判における判断基準

整骨院における施術費が損害賠償の対象となるかについては、裁判でも争点になることが非常に多い。その判断基準は「被害者の症状等に照らして、施術の必要性、相当性が認められるか」であるが、数値化された画一的な基準があるわけではないので、裁判における判断もかなり区々になっている。したがって、通院継続中の施術費の支払いについても、判断に迷うケースが多いであろう。

裁判における整骨院費用の判断基準については、赤い本〔平成30年版〕下巻掲載の講演録「整骨院における施術費について」（吉岡透・27頁以下）が最もわかりやすく、かつ踏み込んだ内容となっているので、一括払いの判断をするに際しても必読といえる。

この講演録では、①施術の必要性、②施術の有効性、③施術の合理性、④施術期間の相当性、⑤施術費の相当性の５要素を総合的に判断するものとされている。医師の指示があることは、①②の要件が認められることを強くうかがわせる事情であるとされている。医師の同意がある場合には、指示がある場合ほど強い推認力をもつものではないが、①②の存在をうかがわせる一事情になるとされている。③施術の合理性とは、受傷内容と症状に照らして適正な施術であるか、逆にいえば過剰・濃厚診療にあたらないかを意味するとされている。

④施術期間の相当性について、赤い本〔平成15年版〕下巻掲載の講演録「東洋医学による施術費」（片岡武・322頁以下）では、「初療の日から６カ月を一応の目安にしたらどうでしょうか」との記載があった。しかし、上掲の赤い本〔平成30年版〕下巻では、「これを意識したものか、交通事故の被害者において、事故直後から頻回に、場合によってはほぼ連日整骨院に通院し、施術内容も通院頻度もあまり変わらないにもかかわらず、６カ月を経過

したとたんに整骨院の通院を止め、きっかり６カ月分で、かつ、整形外科における治療費の何倍にも上るような高額な施術費を請求するといった事案が散見されます」として、「６カ月というのはあくまで一応の目安ですし、これまで述べてきたように、④施術期間の相当性は、必要かつ相当な施術における相当性を判断する考慮要素の一つにすぎません」として、６か月経過したとたんに整骨院の通院を止めていることは施術の必要性、有効性を疑わせる事情であること、施術費が高額になれば⑤施術費の相当性に問題があると判断されることもあり得ることなどを指摘している。

なお、単価の問題も含めさらに詳しく知識を得たい場合には、江口保夫ほか『交通事故における医療費・施術費問題〔第３版〕』（保険毎日新聞社、2019年）が大変参考になる。

2　部位、傷病名を確認することの重要性

整骨院の施術費は部位ごとにカウントする形式となっている。そのためか、病院で傷病名が付いていない部位にも施術を行った前提で施術費が請求されるケースが少なくない。

しかし、この場合、医師は当該部位の受傷を認めていないわけであるから、施術の必要性に大きな疑問が残る。したがって、施術証明書を受領したら、まずどの部位の施術が行われているのか、病院の診断とは合致しているのか、診断書と毎回照らし合わせることが重要である。

なお、筆者が担当したケースで、「腰部は病院の診断部位ではなく、整骨院の施術は事故との関係性を考慮せずに行われており、必要性・相当性が認められない」と指摘したところ、被害者代理人から、「腰部の施術は実際には受けていないので、施術の必要性・相当性を否定する理由にはならない」と主張されたことがある（背景事情として、当該代理人は整骨院の施術費が部位ごとにカウントされることを把握していなかったようである）。この主張が事実であれば、整骨院において部位の水増し請求があったことになり、より強く施術の相当性を否定する要素になるであろう。事実、整骨院による部位の

水増し請求については、交通事故事案に限らず多くの事例が報告されており、厚生労働省や各健康保険組合等は対策を強化している。

一括払いが行われている場合、被害者自身は整骨院から保険会社にどのような請求がなされているのかを全く知らないのが通常である。したがって、病院の診断と異なる部位の施術費が計上されている場合には、まず、被害者本人に本当にその部位の施術を受けているのかを確認することも有益な場合があると思われる。

II　休業損害

Q17　会社員の休業損害について、内払いをするかどうかの判断基準は何か

A　休業の必要性を検討したうえで、実際に休業し、減収が生じているかどうか、休業損害証明書を確認する。支払いの期間は、症状と具体的な業務内容を踏まえて検討する。

［導入対話］

新保　先月の事故で入院中の被害者さんなのですが、会社員で営業の仕事をしており、腰椎の破裂骨折のため入院中で会社を休んでいるそうです。いつまで入院になるかはわかりませんが、2～3か月くらいかかるかもしれないという話が出ています。

会社員の場合、仕事を休んだら休業損害証明書を会社から出してもらって、それを踏まえて休業損害を支払うということは研修で習いましたので、休業損害証明書を出してもらいました。休業損害の支払いを開始して大丈夫でしょうか。

課長　まず、実際に事故前に働いていたのか、事故後に休業しているかどうかだね。前年の源泉徴収票ももらっているかな。

新保　いいえ。今年の2月に就職した会社なので、昨年の源泉徴収票は出せない、とのことでした。

課長　確かに、休業損害証明書では2月1日採用と書いてあるね。ほかに、休業損害証明書を見て気づいたところはないかな。

新保　特には……。

課長　事故前3か月の実績を書く欄があるけど、「社会保険料」と「所得税」が全部空欄になっていて、支給金額と差引支給額が同じだよね。君の給料明細と比べてどうかな。

新保　ああ、確かに、源泉徴収と社会保険料は普通給料から天引きされますよね。たしか、源泉徴収と社会保険加入は会社の義務ですよね。

課長　そのとおり。源泉徴収については給与額、社会保険については出勤日数などにもよるけど、会社に雇用されてフルタイムで働いている限り、源泉徴収も社会保険加入も義務になるのが普通だね。つまり、どちらもゼロというのは法律上は許されない。

新保　ということは、この休業損害証明書の内容は事実ではなく、被害者さんがここで働いている事実はない、とみるべきでしょうか。

課長　実際に法律に違反して源泉徴収もせず社会保険にも入らせない会社がないわけではないので、断定はできない。だけど、休業損害証明書以外で立証の補充を求めるべきだろうね。

新保　たとえば、どんな方法がありますか。

課長　まず、給料をどのように受け取っているのか。日雇い等でない限りは普通は振り込みだから、過去の通帳を出してもらえば、給料を受け取った形跡があるかわかるはずだよね。

　また、確定申告しているのか否か。「雇用ではなく業務委託だから、会社は源泉徴収もしていないし会社で社会保険にも入らなくてよい」と主張されることがある。仮に業務委託だとしても、会社が源泉徴収していないなら自分で確定申告をしないと、所得税や住民税を一切納めていないことになり、脱税になってしまう。

新保　源泉徴収もなく確定申告もしていないとすれば、公的資料での収入の証明はできないということですね。

課長　そのとおり。ほかに有力な立証もないなら、裁判になっても休業損害が否定される可能性は高いし、治療中の段階で休業損害を払うことは難しいね。

新保　被害者さんにもその点を説明して、事情を詳しく聞きたいと思います。

ところで、休業の事実があるのかないのか判断に迷うケースで、支払いがないと生活が立ちゆかないなどと被害者さんに言われるケースもあると思います。そのような場合は、課長はどのように対応していましたか。

課長　ケースバイケースだと思うけど、まずは労災の休業補償とか、被害者さんが人身傷害補償保険に入っていてそこから休業損害の支払いを受け取ることができないか。どちらも適用できないケースだとしても、少なくともあやふやな資料で休業損害を認定して支払うということは避けるべきだと思う。

ただ、いずれにせよ症状が治らず治療が続いているなら傷害慰謝料は発生するわけだから、その範囲であれば払いすぎになることはない。そこで、１日いくらの休業損害としてではなく、たとえば月に10万円などのきりのいい数字で、損害の内払いとして支払い、当座の生活費に充てていただくという方法があるね。

新保　それは特に費目を特定しないで、賠償金を先払いしたものとして、最後に差し引くということですね。

課長　そのとおり。ただ、もしあとからやっぱり仕事はしていなかった、休業損害はなかったという話になったら、内払いが長引いてしまうと、慰謝料を含めた損害総額よりも内払いのほうが大きく、過払い分が生じるという事態になりかねないから注意して。

新保　内払いはあくまで一時的な処理ということですね。

あとは、今回のケースと違って休業損害として払うとしても、いつまで払うかの問題もありますよね。入院中は稼働できないとしても、退院後はいつまで払うのか。仕事の制限をしているかどうか、主治医に意見を聞いたほうがよいでしょうか。

課長　そうだね。ただ、医師は仕事の中身を具体的に聞いていないことも多いので、医師の意見だけを鵜呑みにせず、仕事の中身と症状を精査して、稼働が可能かどうかを具体的に考える必要がある。たとえば、一口に「営業」といっても、電話営業なのか外回りなのか、外回りだとして移動手段は何なのか、一人で回るのか複数人で回るのかなど、事情によって違ってくるね。

新保　なるほど。やはり、事案ごとに根拠を確認していくことが重要ですね。

解　説

1　雇用を前提とした稼働の立証（源泉徴収、社会保険の加入義務）

休業損害を支払うためには、原則として、被害者が事故前から稼働しており、事故によって休業し、減収が発生している必要がある。

被害者が第三者に雇用されている場合、雇用主の作成する休業損害証明書によって、休業の事実や減収の内容を確認することになる。

しかし、休業損害証明書に不備や疑問点があることは少なくない。特に多いのは、［導入対話］のケースのように、所得税や社会保険料の天引きがなされていない事例である。

日本国内において使用者が従業員に給与を支払う場合、源泉徴収を行う義務がある。使用者が法人や団体の場合は例外なく源泉徴収義務者となり、個人であっても、常時二人以下の家事使用人のみの場合等の例外を除き源泉徴収義務者となる。したがって、源泉徴収額がゼロであっても問題がないと断定できるのは、給与額が源泉徴収の基準額未満（令和5年の基準でいえば、給与が月額8万8000円未満（扶養家族がいない場合））の場合くらいである。

また、社会保険については、株式会社や合同会社などの法人は、雇用する従業員の人数にかかわらず強制適用事業所となる。個人事業所の場合は、農林漁業・サービス業などの一部の業種を除き、常時雇用する従業員が5人以上の場合に、強制適用事業所となる。また、パート・アルバイトに関しても、所定労働時間が正社員の4分の3以上であれば社会保険加入の義務があり、4分の3未満であっても条件によっては適用の対象になる。社会保険適用の範囲は年々拡大されつつあるので、随時最新の情報を確認する必要がある。

源泉徴収や社会保険加入の必要があるのに、そのいずれか、あるいはどちらかの天引きがなされていない場合、休業損害証明書の信用性に疑問をもたざるを得ない。これに加えて、事故前年の源泉徴収票が出てこない（稼働開始が事故当年であると主張される）、通帳等による給料受取りの立証ができない（現金手渡しであったと主張される）といった事情があればなおさらである。このようなケースでは、担当者は休業損害の支払いには慎重を期すべきであり、上席や弁護士等への相談も必要であろう。

また、休業損害証明書に所得税、社会保険料の記載があっても、それが事実と異なるケースも皆無ではない。また、源泉徴収票は随意に作成することもできる。事故前の収入に関して疑問がある場合には、自治体が発行する課税証明書の提出を求めることも有用であろう。なお、課税証明書の発行が可能な期間は、自治体にもよるが、最新年度＋過去4～7年分程度である。また、課税証明書は記載年度の前年の所得を示すこと（たとえば令和5年度課税証明書は令和4年の所得を示す）ものであること、前年の所得を示す課税証明書が取得可能になるのは6月頃であることに注意が必要である。

2　休業損害の支払期間

休業損害の支払い（もしくはそれに代わる内払い）を開始した場合、いつまでその支払いを続けるかが問題となる。

症状固定まで長期間を要している事案で、特段の調査もしないまま症状固定まで休業損害を払い続けているケースも散見されるが、訴訟移行してカルテを取り寄せてみると、医師は早期の段階で就労を促していたという例も少なくない。

当然ながら治療の必要性と休業の必要性はイコールではないので、業務内容と症状に照らして休業が必要かどうかを確認する必要がある。

なお、休業損害の請求に関連して、被害者より、「交通事故による受傷を原因に、会社から解雇された、退職せざるを得なくなった」と主張されるケースもある。

確かにプライベートでの事故であれば従業員としては退職を余儀なくされることもあるが、業務によるけがや病気の治療のために休業している従業員については、休業中とその後30日間は、解雇が原則として禁止されている(労働基準法19条1項)。被害者の業務中の事故の事案でこのような主張がされた場合には、この規定を説明し、被害者は法律上退職に応じる必要がなく、退職を余儀なくされたことを前提とした休業損害に応じられない可能性があることを説明するのが望ましいであろう。

Q18　主婦の休業損害についての留意点はどこか

A　**まず、主婦であるという点について住民票等で確認する。次に、パートなどの勤務の状況、症状の内容等に照らして、家事労働に支障があるかどうかを確認する。**

［導入対話］

新保　今回の事故の被害者は45歳の女性なのですが、ご主人と、小5、小2の二人のお子さんと4人暮らしだそうです。もう治療は終わっていて、損害賠償の提示をしようと考えているのですが、「事故で家事ができなくなった、その分の対応はしてくれるのか」と尋ねられています。どうしたらよいでしょうか。

課長　まず、家族構成については世帯全員の住民票等を出してもらっているかな。主婦休損を払うならば、当然だけどまず主婦だということを明らかにしてもらう必要があるね。

新保　そうですよね。まず住民票を出してもらうことにします。住民票を見て、家族と同居していれば、主婦であるという点はクリアということでよいのでしょうか。

課長　必ずしもそうとはいいきれないかな。今の時代、女性が家事を担っているとは限らないよね。奥さんのほうが働いていて、ご主人が家事をしている場合もある。まず被害者さん、ご主人、それぞれの職業を確認したほうがよいね。

新保　なるほど。あとは休業の必要性の部分ですよね。これは症状次第というところでしょうか。

課長　そうだね。まず、けがの程度から家事ができたかできなかったか、ということが大事だね。「通院をすることで家事ができなかった」として、実通院日数分の請求をされることもあるけど、通院に丸一日かかることはほとんどないだろうし、会社員のように決まった時間に出社し、帰宅は病院の診察時間終了後という仕事でもないから、やはり症状と家事との関係が重要になると思うよ。

また、外での仕事と違って家事労働は実態がみえづらいから、休業の事実があったのかどうかがわからない。会社員などのケースではまず「休業した」という動かない事実があって、次に事故の症状で休業する必要があったのかどうかという検討の順序になるよね。でも、主婦の場合は、家事代行を頼んで費用が発生したというようなことでもないと、休業の事実は証拠からはみえてこない。そうすると、逆説的だけど、症状的に休業の必要があったかなかったかによって、休業した事実の有無も判断せざるを得ない部分があるだろうね。

新保　確かにそうですね。制限があったのかどうか、医師にも照会してみたいと思います。あと、兼業主婦だった場合は、外での仕事はどうしていたのかは検討の必要はないのでしょうか。兼業主婦の基礎収入の算定では、賃金センサスと実収入を比べて高いほうを採用するので、パート等で賃金が低ければ外での仕事の部分は関係なくなってしまうわけですよね。

課長　基礎収入に関してはそうだね。だけど、仕事の内容にもよるだろうけど、外での仕事を休んでいないのに家事労働だけ全くできないというのも不思議な話だよね。パート勤務等の場合でもパートを休んだかどうかは確認したほうがよいと思うよ。

新保　確かにそうですね。ところで、主婦休損って兼業主婦と専業主婦の違いや、家族構成は考慮されないのでしょうか。

たとえば、小さいお子さんがいる中でフルタイムで仕事をして収入は賃金センサス未満という兼業主婦の人でも、夫婦二人暮らしの専業主婦の人でも、休業損害の単価は同じということなのでしょうか。家事の大変さはかなり違うように思うのですが。

課長　そうなんだよね。私もこの仕事を始めたときから疑問に思っているけど、今でも裁判所も含め実務の運用は変わっていない。

先ほど言ったように、家事の場合はそもそも休んだかどうかが第三者にとってわかりづらいし、家事労働といっても実は家庭によってやっていることは大きく違うだろうから、言い出すときりがないという面もあるのかもしれない。交通事故の損害賠償のルールは、時にすごく細かい議論をする一方で、かなり大雑把な考え方で画一化されている部分もある。主婦休損は後者の典型かもしれないね。

新保　なるほど……。少し引っかかる気もしますが、われわれとしては今のルールの中でやっていくしかなさそうですね。

解　説

1　家事従事者の該当性

主婦休損を算定する前提として、被害者が家事従事者に該当する必要がある。家事従事者とは、他人のために家事を行う者であり、自分自身のみのために家事を行う者はこれに含まれない。

典型的には主婦がこれに該当することが多いが、成人の子どもや孫と同居する高齢の母親、妻が稼働して収入を得る一方で収入を得ていない夫など、家事従事者に該当するか否かの点で争いになるケースは思いのほか多い。

家事従事者の認定に関する裁判所の運用は、かなり形式的・画一的なものとなっている印象を払拭できず、特に女性であることが重視されている印象がある。

たとえば、共にフルタイムで仕事をしているいわゆるDINKSの夫婦の場合に、各自の実収入が賃金センサスを下回る場合、夫が兼業主夫であるとして賃金センサス相当の休業損害を勝ち取るためには相当の立証が求められるだろう。ところが、妻の場合は、逆に加害者側が反証をしない限り、主婦だと認定されることが多いであろう。現実には、このようなケースでは各自の家事負担は同程度で、家事の分量として一人暮らしのそれと大差ないという夫婦も多いのではないだろうか。その場合、本来ならば夫婦のどちらも家事従事者とは認定できないというのが理論的な結論と考えられるが、実務では妻ならば家事従事者性が認められやすい印象がある。

また、高齢の親についても、祖父について家事従事者と認められたケースはほとんど思い当たらない（主張されることも稀であるが）のに対し、祖母の場合、「同居する子ども夫婦が共働きである」という事実だけで、裁判所は家事従事者該当性を認めてしまうケースが少なくない。裁判所の家事従事者の認定においては今日も歴然とした男女差があり、「女性は家事労働をしている」という擬制の下に実務が展開されているとさえ感じることがある。

もし家事従事者が家事をできなくなったのであれば、その部分の家事を誰かが担う必要があるはずである。私見だが、事故後に家事代行を頼んだとか、親族を呼び寄せたという客観的事情がないのであれば、事故前より被害者は家事従事者でなかったか、被害者が事故後も従前どおり家事を行っていたかの可能性も考えられ、これらいずれの場合でも理論的に休業損害は観念できないというべきではないだろうか。立証責任の原点に立ち返り、家事従事者についても他の職業と同様に、性別を問わず、客観性のある立証を求めることが公平に適うのではないかと考える。

2 休業の必要性の判断

上記のように、主婦休損については休業の実態を把握しづらいことから、休業の必要性の検討がより重要になる。入院中は当然家事労働はできないが、通院中については、症状に照らして制限があったかどうかを確認することが重要である。

また、［導入対話］の中での課長の指摘のように、兼業主婦の場合に勤務先での仕事を休んだのか否かという観点は、特にその収入が賃金センサス未満の場合には見落としがちである。

もっとも、主婦労働と勤務先での仕事ではその内容が異なるので、勤務先での勤怠状況に伴って論理必然的に主婦休業の事実や必要性が決まるわけではない。まず、被害者が兼業主婦であるか専業主婦であるか、兼業の場合には勤務先でどのような業務を担当しているか、事故後兼業の業務は休んだか否かを確認し、兼業の業務を休んでいる場合には収入が賃金センサス未満であっても勤務先の休業損害証明書を取り付けることが有効であろう。

Q19 会社経営者、個人事業主の休業損害についての留意点はどこか

A 法人の経営者の場合、法人の損益も合わせて確認する。個人事業主の場合、青色申告決算書の内容を精査する。いずれの場合も、減収・減益の有無やその理由について、客観的視点から慎重に検討する。

［導入対話］

新保 今回の事故の被害者は、電気工事をやっている株式会社の経営者です。役員は本人と父親、妻の三人で、雇用している従業員はおらず、実質的には被害者本人の個人事業と変わらないと被害者は話しています。

被害者は膝の骨折で１か月ほど入院し、その後は月に１回程度通院して骨癒合しているか観察をして、事故から半年くらいで症状固定になっています。幸い順調に骨癒合して偽関節にもならず、後遺障害は非該当でした。

被害者は事故前は月50万円の役員報酬を得ていましたが、事故後は症状固定まで全く仕事ができずに、役員報酬がゼロになったとして、半年間×50万円の休業損害を請求してきています。源泉徴収票でも事故後にはゼロになったと考えて矛盾しない数字になっていますが、どうしたらよいでしょうか。

課長 まず、会社の役員は従業員と違って毎日出勤する義務を負っているわけではなく、つまり出勤しなかったからといって報酬が減る立場ではない。「何日休んだから休業損害はいくら」という単純な話では進められないね。一方で「役員の場合は休業損害はありません」と言ってしまう人もいるけど、それも正しくない。会社の決算書はもらったかな。

新保 はい。３月決算の会社で、事故前年３月期の決算書はもらいまし

た。今年３月期の決算のうち後半の６か月ほどが事故後症状固定までの期間ということになりますが、今月中にできあがるとのことで、出来次第もらうことになっています。

　でも、決算書って難しくて、どのあたりを注意してみたらよいのかわからなくて。

課長　まず、決算書の基本的な見方については、社会人の常識として必ず勉強しておいたほうがいいな。わかりやすい本もたくさん出ているから探してみるといいよ。

　また、経営者や個人事業主の休業損害については、赤い本の下巻にもとてもわかりやすい解説記事がいくつかあるから、目を通しておくといいね。

新保　わかりました、きちんと勉強します……。今回のケースでは、どのあたりがチェックポイントになりそうでしょうか。

課長　私なら、特に以下の３点を注意してみるね。

　第１に、株主の構成がどうなっているか。本人や親族だけが株主ならば、役員の報酬は自由に変えることができるから、役員報酬が減ったというだけで休業損害を認めることはできないよね。

　第２に、被害者への支払役員報酬が減っているか。私の経験上、「被害者から役員報酬減額の株主総会議事録が提出されているのに、会社の決算書を見ると支払った役員報酬は事故後も同額で全く減っていなかった」というケースはとても多い。

　この場合は、実際には役員報酬を減額しなかったと考えるほうが自然だろう。

新保　個人の課税証明をとれば、決算書と同じ金額、つまり事故前と変わらない収入になっているということですね。

課長　そのとおり。背景事情としては、被害者が事故後も変わらず仕事をしていたとか、仕事を休んだけれど会社の実務への支障はなかった、つまり役員報酬の大部分がそもそも労務の対価ではなく利益配当の性質だったとか、いろいろな要因が考えられるね。

第3に、会社の売上げの増減と、人件費の増減。本当に事故前に被害者一人が仕事をしていて、事故後に仕事が全くできなくなったなら、多少入金のタイミングにずれはあるとしても売上げは減少してゼロに近づいていくはずだよね。また、自分ができなくなった仕事を人を雇ったり外注したりしてこなした場合は、売上げは減らなくても、その分は人件費が増えるはずだよね。

新保　確かにそうですね。それでは、もし役員報酬は事故前と同じように払っていて、会社の売上げは大きく減っていた、または売上げは減らないが外注費がすごく増えたという場合には、どのように考えたらよいのでしょうか。

課長　その場合は、被害者個人は収入が減っていないのだから休業損害はないけれど、会社には損害が発生している可能性があるね。減少した売上げや増加した経費が、会社の損害として認められるかという問題になるね。このような損害は間接損害、企業損害などといわれる。

新保　なるほど、損害の主体となる当事者が変わるわけですね。でも、会社の売上げや経費って事故がなくても増えたり減ったりするものですよね。その点はどのように確認したらよいのでしょうか。

課長　そう、それは一番難しいところだね。事案ごとに、会社の業務の内容、その中で被害者が担っていた役割、過去の決算の推移等を踏まえて、個別に丁寧に検討していく必要がある。特に最近だと、新型コロナの影響で一時的に売上げが落ちていたり、国からの助成金が組み込まれていたりするから、より問題が複雑になっているかもしれない。

一つ汎用性がある資料は、法人事業概況説明書だ（〈資料1〉参照）。2枚目に、月ごとの売上げ、仕入金額、外注費、人件費が記載されるから、期の途中で事故に遭った場合、売上げが減った時期や人件費が増えた時期が事故の後かどうかがわかる。

新保　なるほど、法人事業概況説明書ですね。注意してみてみます。でもその書類は法人の場合にしかないわけですか。個人事業だったらどうしたらいいですか。

課長　その人が青色申告をしていれば、青色申告決算書の２枚目に同じように毎月の売上げと仕入額を記載する欄があるから（〈資料２〉参照）、そこをみたらいいよ。

新保　全く知りませんでした、勉強になります。そのほかに個人事業主の場合と会社経営者の場合で違いはありますか。

課長　個人事業主の場合は、基礎収入の計算の仕方がかなり独特になる。被害者の所得が非常に低い場合に、「節税のために個人的な出費も経費にしているので、所得ではなく売上げで計算すべきだ」と主張されることも多い。だけど、基礎収入は所得が出発点で、そこに休業中も発生する固定経費、たとえば家賃などを足していくというのが基本的な考え方だよ。

新保　なるほど……それにしても、経営者や個人事業主だと、基礎収入の考え方がかなり難しく、かなり専門的な知識が求められるのですね。しかも、これは休業損害だけじゃなくて逸失利益にも大きく関係してきますよね。

課長　そのとおり。だから、経営者や個人事業主が被害者の事案で、休業が長期化して休業損害の請求が大きい事案や、後遺障害が付いて逸失利益が問題になるようなケースは、示談や訴訟移行の前に弁護士に相談したほうが安全かもしれないね。今度別件で弁護士事務所に相談に行くから、挨拶がてら君もついてきたらいいよ。

新保　ありがとうございます。よろしくお願いします。

解　説

1 会社経営者、個人事業主の休業損害・逸失利益の難しさ

会社経営者（役員）、個人事業主の休業損害や逸失利益の算定は、会社員や主婦の場合と比べてかなり複雑である。決算書に関する理解もある程度求められることもあり、苦手意識をもっている担当者、弁護士も多いようである。

そのためか、保険会社では鑑定調査会社や公認会計士に意見を求めているケースも散見されるが、損害賠償実務とは異なる角度からの分析になってしまうことも多く、奏功しないことが少なくない印象がある。

なお、赤い本下巻でもこの点に関連する講演録が繰り返し取り上げられており、どれも実用的であるため、まずこれらを一読されることをおすすめしたい。以下、概要を紹介する。

⑴　松本真「赤字事業を営む経営者の休業損害と逸失利益の算定における基礎収入額」〔平成26年版〕25頁

赤字事業に限らず、個人事業主の基礎収入の算定の仕方、無駄になった固定費に対する考え方や二重計上の誤解等について、具体的な事例を用いた計算式を含め非常にわかりやすく解説されている。個人事業主の基礎収入についてはまずこれを読むとよいだろう。

⑵　湯川浩昭「事業主の基礎収入の認定」〔平成18年版〕13頁

個人事業主について、申告外所得（決算書や確定申告書には表れない所得）が主張された場合の考え方や、家族などで共同で事業を行っている場合の寄与度の考え方等について、判例に従い解説されている。

⑶　松本利幸「会社役員の休業損害・逸失利益」〔平成17年版〕11頁

役員報酬には労務対価部分と利益配当部分が含まれ、前者のみが基礎収入となることを前提に、労務対価部分の判断要素が判例に従い解説されている。

⑷　田野井蔵人「間接損害（従業員が死傷した場合の会社の損害）」〔令和３年版〕105頁

事故により休業中の従業員に給与を支払った場合の会社の反射損害や、会社が代替労務費を要した場合や減益を生じた場合（企業損害）に賠償が認められる要件（会社と従業員の経済的一体性）について、判例に従い解説されている。

2　役員報酬の減額

株式会社においては、役員の報酬は株主総会で決定される。

しかし、被害者が会社の株主兼代表取締役であったり、株主や役員が被害者の親族のみで構成されているケースは非常に多い。この場合、交通事故によって稼働に支障が出たとして、役員報酬を減額するか否かは被害者本人を含む株主一族の判断一つで左右されるということになる。

なお、税務上は、期中に随意に役員報酬を増額・減額することは原則としてできず、正しい処理をしないと支払った役員報酬を経費にできなくなってしまう。自由に報酬を増減することを認めてしまうと、業績が良ければ期末に役員報酬を増額し、業績が悪ければ減額するなどして、会社の損益（法人税負担）を随意にコントロールできてしまうからである。

ただし、役員の職務内容に重大な変更があった場合には、税務上も役員報酬の減額が認められている。事故で入院し全く稼働できなくなったというようなケースではこれに該当することも多いであろう。

3　人件費を把握することの重要性

［導入対話］でのケースのとおり、会社において被害者が実務の大部分を担っていたが、事故により稼働できなくなった場合、①仕事をキャンセルするか（売上げの減額）、②仕事を外注するか（人件費の増加）という対策が考えられる。売上げは減らず、人件費も増えずという場合には、被害者が実際には事故後も仕事をしていたとかもともと会社の売上げが労務対価の提供に

連動しない性質のもの（いわゆる不労所得等）といった事情が考えられ、いずれも休業損害を否定する方向に働く。

また、人件費のうち役員への支払いは「役員報酬」に、雇用した従業員に対する支払いは「給与賃金」に、外部へ委託した費用は「外注費」にそれぞれ分類され、いずれも販売管理費の中に含まれる。ただし、製造業においては、製造活動に従事する社員等の給与は製造原価に含まれるので、製造原価の内訳も合わせて確認しておく必要がある。

4 休業と売上げ計上のタイムラグ、不労所得

［導入対話］のとおり、法人事業概況説明書や青色申告決算書によって、月ごとの売上げを把握することができる。

もっとも、たとえば4月1日から休業したとして、4月の売上げがゼロになることは少ない。日本における会計処理は現金主義（入金時に売上げを計上）ではなく実現主義（収入が確定した時点で売上げを計上）が原則であるが、具体的な売上げ計上のルールは事業者によって相当に異なるのが実情である。休業後に売上げが実現することも十分に考えられ、休業が売上げに反映されるまでにはタイムラグがあることに注意が必要である。

一方で、休業後一定期間を経ても事故前よりも売上げが減らず、人件費の増加もみられない場合には、事故前と事故後で業務の実態に大きな相違がないと考えるのが自然であろう。また、業種によっては、事故前も事故後も毎月定額の売上げが計上されているようなこともあるが、この場合は不動産賃料や名目的に支払われる報酬など、純粋な労務提供の対価とはいえないもの、不労所得に属するものである可能性もある。この場合は休業損害は観念できないであろう。

このように、基礎収入については単に数字だけを追うのではなく、被害者の事業内容や会社の体制を具体的に検討して、被害者の症状に鑑みて減収の有無を検討することが重要である。

〈資料1〉　法人事業概況説明書

法人事業概況説明書

税務署受付印

FB1006

OCR入力用（この用紙は機械で読み取ります。折ったり汚したりしないでください。）

この用紙はとじこまないでください

別添「法人事業概況説明書の書き方」を参考に記載し、法人税申告書等に一部添付して提出してください。
なお、記載欄が不足する項目につきましては、お手数ですが、適宜の用紙に別途記載の上、添付願います。

整理番号

法人名	屋号（　　　） 電話（　　）　－	事業年度	自 平成・令和　年　月　日 至 平成・令和　年　月　日
法人番号		自社ホームページの有無	有・無（自社ホームページアドレス）

税務署処理欄

1 事業内容　（　　　　）業

2 支店・子会社の状況

(1) 支店	国内	支店・店舗数	
	海外	支店・店舗数	
		所在地国1	従業員数
		所在地国2	従業員数
(2) 子会社	国内	国内子会社の数	
	海外	海外子会社の数	うち出資割合が50%以上の海外子会社の数
		子会社名称	出資割合%　　%
		子会社名称	出資割合%　　%

3 海外取引状況

(1) 取引種類	輸入・輸出・無			取引金額（百万円）
	輸入	相手国	主な商品	
	輸出	相手国	主な商品	
(2) 輸出入以外の海外取引	有	手数料	ロイヤルティー	役務の提供
	無	証券の売買	金銭の貸借	不動産の売買
	その他	（　　）		

4 期末従業員等の状況

(1) 期末従業員の状況（単位・人）	常勤役員	
	計	
	計のうち代表者家族数	
	計のうちアルバイト数	
(2) 賃金の定め方	A固定給・B歩合給・AB併用	
(3) 社宅・寮の有無	有・無	

5 PC利用状況

(1) PCの利用	有・無
(2) PCのOS	Windows・Mac・Linux・その他（　　）
(3) PCの利用形態	財務管理・給与管理・在庫販売管理・生産管理
(4) 会計ソフトの利用等	有・無
(5) 会計ソフト名	
(6) メールソフト名	
(7) データの保存先	クラウド・外部記録媒体・PCサーバ

6 販売形態

(1) 電子商取引（インターネット取引）	有・売上／有・仕入／有・経費／無
(2) 販売チャネル 注1	自社HP・他社HP

7 株主又は株式所有異動の有無　有・無

8 経理の状況

(1) 管理者	区分	氏名	代表者との関係
	現金		親族・他人
	通帳		親族・他人
(2) 試算表の作成状況	毎月・おおむね月ごと・決算時のみ		
(3) 源泉徴収対象所得	給与・報酬・料金・利子等／配当・非居住者・退職		
(4) 消費税	当期課税売上高（単位：千円）		
	経理方式	税抜経理方式・税込経理方式	
(5) 社内監査	実施の有無	有・無	（　　）

9 役員又は役員報酬額の異動の有無　有・無

「10主要科目」・「11代表者に対する報酬等の金額」の各欄は、千円単位で記載してください。

10 主要科目（単位・千円）　※各科目の単位：千円

売上（収入）高		特別損失		
上記のうち兼業売上（収入）高		税引前当期損益		
売上（収入）原価		資産の部合計（負債の部合計＋純資産の部合計）		
売上原価のうち	期首棚卸高	資産のうち	現金預金	
	原材料費（仕入高）注2		受取手形 ※貸倒引当金控除前	
	労務費 ※福利厚生費等を除いてください		売掛金 ※貸倒引当金控除前、注3	
	外注費		棚卸資産（未成工事支出金）	
	期末棚卸高		貸付金	
	減価償却費		建物 ※減価償却累計額控除後	
	地代家賃		機械装置 ※減価償却累計額控除後	
売上（収入）総利益			車両・船舶 ※減価償却累計額控除後	
販管費のうち	役員報酬		土地	
	従業員給料	負債の部合計（資産の部合計－純資産の部合計）		
	交際費	負債のうち	支払手形	
	減価償却費		買掛金 注3	
	地代家賃		個人借入金	
営業損益			その他借入金	
特別利益		純資産の部合計（資産の部合計－負債の部合計）		

11 代表者に対する報酬等の金額　注4　※各科目の単位：千円

報酬		貸付金		仮払金	
賃借料	支払利息		借入金		仮受金

注1　(1)の有・売上欄に該当がある場合
注2　運送業においては燃料費、金融業・保険代理業においては、支払利息割引料を記載してください。
注3　金融業・保険代理業においては、売掛金欄には未収利息、買掛金欄には未払利息を記載してください。
注4　「11代表者に対する報酬等の金額」の各欄は貴社（貴法人）が同族会社の場合に記載してください。

12 事業形態					13 主な設備等の状況	
(1)兼業の状況	（兼業種目）		（兼業割合）　％			
(2)事業内容の特異性						
(3) 売上区分	現金売上	％	掛売上	％		

14 決済日等の状況				
売上	締切日		決済日	
仕入	締切日		決済日	
外注費	締切日		決済日	
給料	締切日		支給日	

15 帳簿類の備付状況	
帳簿書類の名称	

16 税理士の関与状況			
(1)氏名			
(2)事務所所在地			
(3)電話番号			
(4)関与状況	◯申告書の作成	◯調査立会	◯税務相談
	◯決算書の作成	◯伝票の整理	◯補助簿の記帳
	◯総勘定元帳の記帳	◯源泉徴収関係事務	

17 加入組合等の状況	
（役職名）	
（役職名）	
営業時間	開店　　時　　閉店　　時
定休日	毎週（毎月）　　曜日（　　日）

18 月別の売上高等の状況

月別	売上（収入）金額		仕入金額		外注費	人件費	源泉徴収税額		従事員数
月	千円	千円	千円	千円	千円	千円	円	千円	人
月									
月									
月									
月									
月									
月									
月									
月									
月									
月									
月									
計									
前期の実績									

「18月別の売上高等の状況」欄の単位にご注意願います。

19 当期の営業成績の概要	

〈資料2〉 青色申告決算書

（1頁目）

FA3000

令和 0 年分所得税青色申告決算書（一般用）

住所		フリガナ 氏名		依頼税理士等 事務所所在地	
事業所所在地		電話番号	(自宅) (事業所)	氏名（名称）	
業種名	屋号	加入団体名		電話番号	

この青色申告決算書は機械で読み取りますので、**黒のボールペンで書いてください。**

整理番号

令和　年　月　日

提出用　（令和二年分以降用）

損益計算書（自　月　日至　月　日）

科目		金額（円）
売上（収入）金額（雑収入を含む）	①	
売上原価 期首商品（製品）棚卸高	②	
仕入金額（製品製造原価）	③	
小計（②+③）	④	
期末商品（製品）棚卸高	⑤	
差引原価（④−⑤）	⑥	
差引金額（①−⑥）	⑦	
経費 租税公課	⑧	
荷造運賃	⑨	
水道光熱費	⑩	
旅費交通費	⑪	
通信費	⑫	
広告宣伝費	⑬	
接待交際費	⑭	
損害保険料	⑮	
修繕費	⑯	

科目		金額（円）
経費 消耗品費	⑰	
減価償却費	⑱	
福利厚生費	⑲	
給料賃金	⑳	
外注工賃	㉑	
利子割引料	㉒	
地代家賃	㉓	
貸倒金	㉔	
	㉕	
	㉖	
	㉗	
	㉘	
	㉙	
	㉚	
雑費	㉛	
計	㉜	
差引金額（⑦−㉜）	㉝	

科目		金額（円）
各種引当金・準備金等 繰戻額等 貸倒引当金	㉞	
	㉟	
	㊱	
計	㊲	
繰入額等 専従者給与	㊳	
貸倒引当金	㊴	
	㊵	
	㊶	
計	㊷	
青色申告特別控除前の所得金額（㉝+㊲−㊷）	㊸	
青色申告特別控除額	㊹	
所得金額（㊸−㊹）	㊺	

●青色申告特別控除については、「決算の手引き」の「青色申告特別控除」の項を読んでください。

●下の欄には、書かないでください。

91		95	
92		96	
93		97	
Ⓐ 94		99	

−1−

（２頁目）

令和 0 年分

氏名《フリガナ》

FA3025

整理番号

提出用（令和二年分以降用）

○月別売上（収入）金額及び仕入金額

月	売上（収入）金額	仕入金額
1	円	円
2		
3		
4		
5		
6		
7		
8		
9		
10		
11		
12		
家事消費等		
雑収入		
計		
うち軽減税率対象	うち　円	うち　円

○給料賃金の内訳

氏名	年齢	従事月数	支給額 給料賃金	支給額 賞与	支給額 合計	所得税及び復興特別所得税の源泉徴収税額
	歳	月	円	円	円	円
その他（　人分）						
計	延べ従事月数					

○専従者給与の内訳

氏名	続柄	年齢	従事月数	支給額 給料	支給額 賞与	支給額 合計	所得税及び復興特別所得税の源泉徴収税額
		歳	月	円	円	円	円
計	延べ従事月数						

○貸倒引当金繰入額の計算（この計算に当たっては、「決算の手引き」の「貸倒引当金」の項を読んでください。）

			金額
個別評価による本年分繰入額（「個別評価による貸倒引当金に関する明細書」の⑥欄の金額を書いてください。）		①	円
一括評価による本年分繰入額	年末における一括評価による貸倒引当金の繰入れの対象となる貸金の合計額	②	
	本年分繰入限度額（②×5.5％（金融業は3.3％））	③	
	本年分繰入額	④	
本年分の貸倒引当金繰入額（①＋④）		⑤	

○青色申告特別控除額の計算（この計算に当たっては、「決算の手引き」の「青色申告特別控除」の項を読んでください。）

			金額
本年分の不動産所得の金額（青色申告特別控除額を差し引く前の金額）		⑥	（赤字のときは0）　円
青色申告特別控除前の所得金額（1ページの「損益計算書」の㊸欄の金額を書いてください。）		⑦	（赤字のときは0）
65万円又は55万円の青色申告特別控除を受ける場合	65万円又は55万円と⑥のいずれか少ない方の金額（不動産所得から差し引かれる青色申告特別控除額です。）	⑧	
	青色申告特別控除額（「65万円又は55万円－⑧」と⑦のいずれか少ない方の金額）	⑨	
上記以外の場合	10万円と⑥のいずれか少ない方の金額（不動産所得から差し引かれる青色申告特別控除額です。）	⑧	
	青色申告特別控除額（「10万円－⑧」と⑦のいずれか少ない方の金額）	⑨	

（注）貸倒引当金、専従者給与や３ページの割増（特別）償却以外の特典を利用する人は、適宜の用紙にその明細を記載し、この決算書に添付してください。

Q20　休業の事実と休業の必要性をどのように判断すべきか

A　通院に要する時間を休業したという場合は、仕事の時間と病院の診療受付時間を確認する。特に主婦や自営業の場合は休業の必要性が問題になる。通院日以外も休業したという場合、本人の業務内容と症状から具体的に検討する。医師への照会も有用ではあるが、医師は仕事内容を詳しく聞いていないケースが多いことに注意する。

［導入対話］

新保　休業損害についてまた教えていただきたいのですが、自営業の被害者の方で、頚椎捻挫で3か月ほど治療をしています。通院は週1回なのですが、ずっと休業しているという話で、去年の収入をベースに3か月分の休業損害を請求されています。

でも、本当にずっと休業しているのかわからないし、仮に休業していたとしてそれを事故による休業といってよいのか、引っかかっていて……。

課長　休業の有無と、休業の必要性の問題だね。自営業の休業損害については、会社員と違って「休業した事実があるのか」がまず客観的にわかりづらいね。決算書で明確に売上げがゼロになっていたりすればいいけどまだ決算前だろうし。その方は仕事は具体的には何をしていて、どんな症状で仕事ができないと説明しているのかな。

新保　飲食店を経営していて自分で料理をしているということですが、手のしびれがあって料理ができないということです。

課長　従業員は何人くらいいるのかな。お店自体を閉めているということ？

新保　その点は未確認です。

課長　そうすると、まず、お店自体を閉めているのか営業はしているのか、事故前は被害者の方が毎日店に出ていたのか、被害者の方がいないと営業ができないのか、確認する必要があるだろうね。お店は営業しているなら、自分が出ない代わりに誰かを雇っているのか、事故前と比較して人件費が増えているかどうかなどで、休業があったのか事後的に検証ができそうだね。

新保　確かにそうですね。もし事故前と同じ人件費で同じ売上げを上げていたら、休業損害は考えづらいですよね。お店自体を閉めていたら、休業損害を払ってよさそうでしょうか。

課長　その場合は休業している可能性が高いのだろうけど、次に「休業の必要性があったのか」が問題になるね。具体的な仕事の内容、つまりどのような職場で被害者の方がどのような仕事を担当しているのかをよく確認して、症状に照らしてそれができない状況かを確認する必要がある。

ただ、簡単に判断できることではないので、争点になりやすい部分だね。裁判でも、症状固定まででではなく休業の必要があった期間をある程度区切って認定したり、「全体を通じて○%は休業の必要があった」というような認定がされることも多い。

新保　なるほど。さしあたって治療継続中に休業損害を払うかどうかの判断材料は、本人からの聞き取りと、過去の決算書の検討でしょうか。医師に聞くのも有効ですか。

課長　そうだね。治療内容や今後の治療の見込みについて医師に医療調査をするときに、合わせて医師から患者へ休業の指示はしているかを尋ねることもある。

ただ、骨折等の一定期間安静を要するような症状のときは明確に休業を指示することが多いけど、打撲や捻挫の場合、患者と医師の間で仕事についての話を一切していない事例も少なくない。

また、話をしているとしても、どこに勤めているとか、どのような職種だという話だけで、具体的に被害者がどのような業務を担当していて、身体のどこに負荷がかかるのか、聞いていない例もとても多い。

だから、医師から休業が必要・不要という回答があったとしても、「どこまで仕事内容を理解して回答しているのか」という点には注意が必要だね。

新保　確かにそうですね。仕事内容についてどのような話を聞いているかも含め、医師に照会をしてみたいと思います。

解　説

1　通院のための休業と症状による休業

休業損害が発生する原因として、通院に要した時間分を休業したというケースと、症状のために仕事ができなかったというケースがある。

前者の場合、特に会社員等であれば、病院の診療受付時間と勤務先の業務時間との兼ね合いから、勤務時間中に通院せざるを得ないことも多いだろう。そうであれば、通院が必要かつ相当なものである限り、通院にかかる時間分は休業の必要性ありといいやすいだろう。

一方、自営業者や主婦の場合は、決まった時間に仕事をしなければ減給されるというような仕事ではなく、平日の日中に通院の時間を確保しながら仕事をこなすことも可能であるケースが多いことに留意が必要であろう。

2　休業の事実と休業の必要性

一般的なむち打ち症など、打撲、捻挫だけで他覚的所見のないような症状の場合、被害者が会社員のケースだと、通院の時間だけ時間休を取得したり、あるいは夜も外来を受け付けている病院に通うなどしていて、休業損害の請求がないか、あっても少額にとどまるケースが多い。会社員の場合、休業すれば同僚に負担をかけることが多く、また自身の社内での評価にも影響しかねないことから、簡単には休みづらいということも影響しているだろう。

これに対し、被害者が自営業者や主婦の場合は、軽症と思われる事案でも全通院期間中、100%休業したというような請求をされる事例が散見される。Q18、Q19で指摘したように、主婦や自営業者については、職場が休業損害証明書を発行するという過程がないので、休業の事実が曖昧になることも、このような請求がなされる所以であろう。

理論的には、まず「休業の事実」が問題となり、休業の事実がある場合に「休業の必要性」が問題となるという検討順序となる。しかし、主婦や自営業者の場合、家事の外注費や事業の決算書等の客観的資料から休業の事実が認定できる場合はともかく、そうでない場合は、「これだけの症状であれば仕事を休んでもおかしくない」「この症状で仕事を休むことは通常考えづらい」というように、休業の必要性から休業の有無を推認せざるを得ないケース、つまり仕事を「したか」と「できたか」の議論が混然一体となってしまうケースがある。

このような場合、休業の必要性の検討がより重要になる。重症事案で一見して稼働が不可能な場合はなるべく迅速に休業損害を支払う一方で、そうでない場合は、業種や診断名から形式的に考えるのではなく、仕事内容と症状のそれぞれについて具体的に確認して慎重に判断をするというメリハリが肝要であろう。

3 休業に関する医師の意見

休業の要否を判断するにあたり、主治医の意見は有用である。

しかし、［導入対話］の課長の発言のとおり、医師が患者の仕事内容について充実した聞き取りをしていることは多くない。これは医師に問題があるということではなく、患者を治すという医師の本来の役割からすれば当然ともいえる。むしろ、医師が休業損害や後遺障害などについて踏み込んでカルテ等に記載している場合は、中立性を欠いている可能性や、患者の強い要望に迎合している可能性に注意すべきであろう。

また、病院によっては医師が一人の患者に割ける時間はかなり限られており、医師は最低限の問診だけしてあとは理学療法士のリハビリや看護師の処置に任せるという例も多く、患者から仕事の話を丁寧に聞くような診療体制にはなっていないことも多いだろう。

以上のことを十分に理解したうえで、休業の要否について医師に意見を照会するのであれば、前提として医師が患者の仕事内容をどこまで把握しているのかについても確認しておくことが有用と思われる。

Ⅲ　後遺障害

Q21　自賠責の後遺障害認定の手続にはどのような方法があるか

A　任意保険会社を通じて行う事前認定と被害者自身が直接自賠責保険会社に対して行う16条請求がある。事前認定の場合は交通事故証明書、経過診断書等の自賠責保険会社に提出する資料の収集はすべて任意保険会社で行う。また、認定結果は任意保険会社宛てに通知され、自賠責保険金は示談成立後、任意保険会社が回収する。一方、被害者請求では、自賠責保険会社への提出書類はすべて被害者側が準備し、認定結果は被害者側へ通知され、示談前でも自賠責保険金は被害者の指定する口座に支払われる。

［導入対話］

新保　被害者側に弁護士がつき、後遺障害申請を被害者請求で行うという連絡を受けました。一般的なことで恐縮ですが、この被害者請求と、私たちが日々行っている事前認定に違いはあるのでしょうか。

課長　まず、事前認定はどのような手続かな。

新保　任意保険会社からの依頼に基づき自賠責が後遺障害認定を行う制度です。被害者と示談をした場合に、自賠責保険から回収できる金額をあらかじめ自賠責に判断してもらうことにより、自賠責保険金の支払予定額の予想を立てることを可能とするものです。

任意保険会社側で資料の収集を行い、認定結果の通知も保険会社になされます。

課長　事前認定の場合、自賠責保険金はどのような処理をするの。

新保　示談後に任意保険会社が加害者請求によって回収することになります。

課長　そうだね。これに対して被害者請求の場合、被害者自身が直接保険金請求をすることになるため、資料の収集も被害者自身が行う。もっとも、自賠責保険では原本提出が原則であり、一括払いしている場合には任意保険会社に原本があるため、被害者は診断書等の資料は任意保険会社から取り付けることになることが多いよ。ただし、傷害部分の保険金の被害者請求が先行している場合には、基本的には支払請求書、後遺障害診断書、画像検査の結果を送付すれば足りる。

また、被害者請求の場合は、認定結果の通知は被害者本人に送付され、自賠責保険金も認定通知が届いてから数日の間に被害者が指定する口座に支払われる。

さて、被害者請求の場合、任意保険会社として注意しておくことはあるかな。

新保　認定結果の通知が任意保険会社に届かないため、後遺障害申請の結果を被害者側に確認する必要があると思います。また、示談前に自賠責保険金が被害者に支払われるので、その分を示談の際に既払金として考慮する必要があります。

課長　そのとおり。任意保険会社は後遺障害の有無や等級、認定理由を把握できないため、後遺障害診断書や認定結果通知（支払不能通知）は被害者側から入手する必要がある。

被害者請求を行うと述べた後、数か月も申請を行わずに放置されてしまうこともあるから、進捗状況の確認は定期的に行ったほうがよいと思う。

あと、一度認定結果が出た場合、被害者側がその結果に不服があるとして異議申立てを検討している場合でも、一度出た認定結果と後遺障害診断書は、異議申立ての前にもらっておいたほうが今後の賠償の方向性を検討しやすくなると思うよ。

新保　ありがとうございます。勉強になります。

解　説

事前認定は、任意保険会社が自賠責保険金の支払予定額を確認する制度の一環として、自賠責に後遺障害認定を求めるものであり、被害者請求（16条請求）は被害者自身で行う自賠責保険金の請求手続である。

いずれの場合も、受付の窓口となるのは自賠責保険会社だが、調査と認定を行うのは、損害保険料率算出機構が設置する自賠責損害調査事務所である。

両者の主な違いは、以下の〈表〉のとおりである。

任意保険会社としては、被害者請求を行うと連絡があった場合、それを拒否する権限はなく、被害者から認定結果が送付されるまで事実上待つしかない。この場合、後遺障害申請の進捗状況や認定結果は被害者本人から把握するほかなく、任意保険会社の担当者としては、定期的に被害者側の弁護士に進捗状況の確認をすることが望ましい。

これに対し被害者が後遺障害認定手続を事前認定で行うことを求めてきた場合、一括払いをしているケースではこれに応じることが通常であると思われる。

〈表〉　事前認定と被害者請求の主な違い

	事前認定	被害者請求
資料の収集	任意保険会社が行う	被害者が行う
認定結果の送付先	任意保険会社	被害者
自賠責保険金の行方	賠償額を全額、被害者に支払った後、任意保険会社が加害者請求で回収	示談前に被害者の指定口座に支払われる
示談時の自賠責保険金の取扱い	賠償金から控除しない	既払金として控除

一方、受傷に疑義があったり、相手方の過失が大きい場合等で一括払いに応じていないケースでは、後遺障害認定手続を事前認定で行わないことも多い。なお、一括払いを行うか否かについては、Q11を参照されたい。

事前認定の制度は、任意保険会社から支払われる部分（自賠責保険金を超える損害賠償金）と自賠責保険金分を一括して示談し、後日任意保険会社が自賠責保険金分を回収することを念頭におくものである以上、被害者の受傷や自賠責保険金を超える損害の発生がその前提となっている。

一括払いがなされていない場合では仮に認定されれば被害者が自賠責保険金を早期に入手することができるため、事前認定を行うよりも、むしろ被害者請求を促したほうが被害者にとっても望ましい結果となる。特に被害者側に代理人弁護士がついている場合には、被害者側の代理人から被害者請求を行うべきであろう。

なお、自賠責保険会社への後遺障害申請を行わないまま被害者側が訴訟を提起し、後遺障害に基づく損害を主張した場合、裁判所から被害者側に対し、まず自賠責保険の手続を行うよう指揮されることが多い。この場合に、被害者側の弁護士が保険会社に対して、事前認定の手続で後遺障害申請を行うことを求めてくるケースもあるが、このような場合には、まず訴訟を担当している加害者側の弁護士に一報を入れ、対応の相談をしたほうがよいだろう。

Q22 被害者の後遺障害診断書のチェックポイントはどこか

A ①傷病名、②自覚症状、③他覚症状および検査、④既存障害、⑤症状固定日、⑥職業について、経過診断書や被害者の主張との整合性の確認は必須である。

また、可動域制限の場合は「関節機能障害」の数値を確認する、外貌醜状の場合は「醜状障害」にて醜状の部位と大きさ、形状を確認するなど、後遺障害の種類別に確認すべき点が異なる。また、自賠責が認定時に取り付ける資料も入手することが望ましい。

[導入対話]

新弁 交通事故の加害者側の交渉事案を受任していますが、相手方から14級の後遺障害が残存したと主張されています。後遺障害事案が初めてなので、まず何から検討すべきなのかわからなくて教えていただきたいのです。

中堅 主張されている後遺障害の内容は何かな。自賠責の認定結果は。裏付け資料はあるかな。

新弁 頚部捻挫後の頚部痛や上肢痛、上肢のしびれに対し自賠責が14級9号の認定をしています。後遺障害診断書と自賠責の結果通知、診断書や事故態様の書類は入手済みです。

中堅 まずみるべきは後遺障害診断書と自賠責の結果通知だね。自賠責の結果通知で、後遺障害とされる症状とその認定理由を確認しよう。ただし、自賠責の認定理由は抽象的な表現にとどまる場合が多いから、後遺障害診断書の内容を確認しよう。今、手元にあるかい。

新弁 ありがとうございます。こちらです。

中堅 初めに「傷病名」が経過診断書のものと一致するかを確認しよう。それと「自覚症状」が診断書上の傷病名と関連性のあるものかの確認を忘れずにね。

また、たまに半月板損傷や肋骨骨折、靭帯損傷等、経過診断書には記載のなかった傷病名が追加されることがあるから気をつけること。この場合、経過診断書に記載がない以上、その傷病がいつの時点で発生しているものか、どのような根拠で後遺障害診断書にだけ記載されたのかの確認が必須になる。

新弁　確かに、後遺障害診断書にだけ出てくるのは不自然ですよね。もし後遺障害診断書を作成する時期に新たに所見がみつかったならば、治療を続ける必要があり、そのタイミングで症状固定と評価して治療を終わりにするのも妙ですし。

中堅　そのとおりだね。次に「他覚症状及び検査結果、精神・神経の傷害」。MRI、XP 等の画像検査の結果やスパーリングテスト、ジャクソンテスト等の神経学的検査、MMT 等の結果やホフマン反射、トレムナー反射、ワンテンベルク反射、バビンスキー反射等の病的反射の有無等が記載される。医師によっては「陳旧性」の骨折、「加齢性」の頚椎の変性等、画像所見に対する評価を書くこともあるから、注意を払ってみたほうがよい。

あとは、被害者が仕事ができないほどの上肢の痛みを訴えているのに、MMT の結果がすべて満点だったり、逆に握力が１～２kg 等に極端に低下している等、症状と客観的な検査結果に乖離がある場合には、事故との相当因果関係の有無や後遺障害の残存を慎重に検討する必要があるだろう。

新弁　なるほど。最後のほうに、「障害の内容の増悪、緩解の見通し」という欄もありますね。

中堅　この欄には症状に対する医師の意見が記載される。なぜか空欄にする医師も少なくなく、その場合は自賠責調査事務所から追記を命じられることが多いようだ。また、ここで「緩解の見込みあり」とされていたら、後遺障害（将来にわたって回復困難な障害）とはいえないと考えられるし、医師によっては事故との因果関係に言及することもあるから注意しながら確認したほうがよい。次に何を確認すべきかな。

新弁　症状固定日でしょうか。治癒しない場合、症状固定日までが治療期間とされます。

中堅　そうだね、後遺障害診断書の症状固定日がそのまま損害賠償との関係での症状固定日と評価されるものではないけど、一つの判断の目安にはなるよ。

通常は後遺障害診断書の症状固定日以降の治療費は個別の損害として認められないと思っておいてよいと思う。ほかには何かみておくところはあるかな。

新弁　「既存障害」でしょうか。

中堅　そうだね、後遺障害と関連性のある既存障害がある場合、その症状が事故によるものではないという疑いが出てくるし、そうでなくとも素因減額が問題になる。

本来なら、被害者が訴えている症状と関連する傷病での通院歴があれば「既存障害」に記載されるけど、実際には事故前に通院歴があってもこの点の記載がなく、医療記録を入手して初めて既往歴が判明することもあるよ。「既存障害」に「なし」と記載されているからといって既往症の検討を一切省かないよう注意したほうがいいね。

最後に、休業損害や逸失利益を請求されている場合、被害者本人が申告している職業と、後遺障害診断書の職業に相違がないかもみておくといいよ。主婦休損で主張されている場合に、後遺障害診断書の職業欄には「事務職」と記載されていて、ここで初めて兼業主婦だとわかったこともあったよ。

ただし、今まであげたのは一般的なチェックポイントであって、症状によって注意すべき点も異なってくるね。たとえば、可動域制限の場合は「関節機能障害」の数値が経過診断書の数値と著しく異なることはないか等、被害者から主張されている後遺障害の内容によって確認項目が増えるから注意してね。

新弁　ありがとうございます。教えていただいた点に着目して検討してみます。

解　説

1　後遺障害診断書のチェックポイント

(1)　必須のチェックポイント

［導入対話］のとおり、後遺障害の内容のいかんを問わず、被害者側から後遺障害を主張された場合、後遺障害診断書で必ず確認すべきなのは以下の点である。

①　傷病名：経過診断書に記載のあるものか。

②　自覚症状：経過診断書の傷害と関連性のある内容か。

③　他覚症状および検査結果：画像検査、神経学的検査、その他の客観的検査（※１）の結果内容（それに対する医師の評価を含む）が既往症等、事故以外の原因を示唆するものか。

④　既存障害：既存障害の有無およびそれが被害者の訴える症状と関連性のある内容か。

⑤　症状固定日：治療期間の最終日。診療報酬明細の通院最終日と一致しているか。

⑥　職業：被害者が主張する職業と一致しているか。

通常、後遺障害診断書は、通院を継続した病院の主治医が作成する。そのため、後遺障害診断書には経過診断書の内容に合致するものが作成されるはずである。

しかし、医師が被害者（患者）の求めるままに傷病名や自覚症状の欄を記載した結果、経過診断書の内容と相違が生じるケースもある。

特に後遺障害診断書の傷病名に経過診断書にはない傷病が記載されている場合には、注意が必要である。この場合、後遺障害診断の時点で患者が訴える症状と、その症状と矛盾しないという程度の臨床所見のみで、画像検査による確定診断を経ることもなく、かつその症状が事故直後から生じたものなのか検討せずに後遺障害診断書に記載していると思われるケースが散見される。

このように、新たに後遺障害診断書で登場した傷病名およびそれによる自覚症状については、その存否および事故との相当因果関係を慎重に検討すべきである。

なお、ほかに継続通院した病院があるのに、その病院とは別の病院で後遺障害診断書が作成されている場合には、継続通院した病院に後遺障害診断書の作成自体を断られたか、被害者（患者）の意向に沿わない内容であったという可能性が高い。このような場合にも後遺障害の残存に疑義が生じる。

これらの場合、自賠責の認定を安易に鵜呑みにするのではなく、医療記録の取り付けを踏まえた追加の資料の収集を行うなど慎重な判断が求められる。

※1　交通事故で頻出する検査一覧

・ジャクソンテスト：頚椎を後屈させ頭部を軽く抑える方法で神経根を圧迫し上肢の疼痛が誘発または増強するかを調べる検査。

・スパーリングテスト：頚椎を患側へ側屈させ後屈位とし頭頂部から下方へ圧迫する方法で神経根を圧迫し上肢の疼痛が誘発または増強するかを調べる検査。

・MMT：個々の筋肉で筋力が低下しているかどうかを徒手的に評価する検査方法。徒手筋力テストともよばれる。

(2)　注意を要する後遺障害

ア　患者の自発的な協力の有無によって結果が左右されるもの

後遺障害の中でも以下のものは、後遺障害診断書に記載される数値と経過診断書の数値の推移を把握することが重要である。

①　可動域制限

可動域測定の結果で評価する。その測定は患者が覚醒した状態で実施し、検査者が徐々に可動域を広げ（他動の場合）、患者がこれ以上は不可能と述べたところまでで止め、この間の角度を測定する方法をとる。具体的な方法は『労災補償　障害認定必携第17版』（労災サポートセンター発行）283頁以下を参照されたい。

②　難聴、耳鳴り

難聴は純音聴力検査で、耳鳴りはピッチ・マッチ検査およびラウドネス・バランス検査で評価する。これらの検査にはオージオメーターを用いる。

純音聴力検査では、被験者にヘッドホンおよび手持ちのボタンを渡し、ヘッドホンから音が聞こえた時点で被検者がボタンを押すことで難聴の程度を測る方法をとる。

またピッチ・マッチ検査は被検者に音を聞いてもらうことで耳鳴りに近い音を特定し、ラウドネス・バランス検査でその耳鳴りの音の大きさを特定するものである。

障害認定における聴力検査の詳細は、日本聴覚医学会が制定した「聴覚検査法（1990）」や前掲『労災補償　障害認定必携第17版』115頁以下を参照されたい。

③　嗅覚脱失または嗅覚減退

T&T オルファクトメーターによる基準嗅覚検査の認知域値の平均聴力損失値により調査する。５つの嗅素を８段階に希釈し低濃度から高濃度の順に被検者に与え、どの時点からにおいを感じ始めたか、においを判別できるか、その域値を測定する方法である。

なお、嗅覚脱失についてはアリナミン静脈注射（アリナミンＦを除く）による静脈性嗅覚検査による検査所見のみによって確認しても問題ないとされる。これは静脈にアリナミン嗅素を注射し、静脈血の肺におけるガス交換の際に呼気として排出される際、アリナミン嗅素を感じるか否かを検査するものである。

④　視力障害

原則として万国式試視力表による。万国式試験法は図形ランドルト環（「C」マーク）を用いて、被検者の見分け得る最小の図形を基に視力を測定する方法である。

なお、実務上はこれと同程度と認められる文字、図形等の指標を用いた試視力表または視力測定法を用いてもよいこととされる。

これらの後遺障害はいずれも、その数値の測定に患者の自発的な意思に基づく自己申告によって行う自覚的検査であり、患者自身のその日のコンディションや意思に左右されるものである。特に、症状固定日や医師から後遺障害診断が近いと告げられて行われる測定は、後遺障害診断書作成という賠償との関係性が明確な目的下における測定値であり、日常的なリハビリの段階での測定値に比べて、被検者の恣意が介在する可能性を否定できない。また、リハビリ段階では理学療法士が可動域を測定していたところ、後遺障害診断時のみ医師が測定を行った結果、従前の数値と差異のある可動域が示されることも少なくない。

そのため、これらの後遺障害では、経過診断書の数値の推移やその他の客観検査による検査結果との整合性、あるいは経過診断書に記載された傷害と関連性があるかに特に注意を払う必要があると考える。

イ　醜状障害

頭部、顔面部、頚部等、上肢および下肢以外の日常露出する部分の醜状である外貌醜状および上下肢の露出面の醜状障害が後遺障害として評価される。

醜状障害については、各部位ごとに醜状の大きさや長さによって後遺障害等級が定められており、後遺障害診断書の「醜状障害」に図示されたものから後遺障害が認定される。

もっとも、醜状障害については、本人の肌質や色等から醜状の状態を客観的に判別できなかったり、後遺障害診断時以降に改善し醜状痕が目立たなくなる場合もみられる。

そこで、醜状障害については後遺障害診断書だけではなく、後遺障害診断時の被害者の醜状痕を撮影したカラー写真を入手し後遺障害の存否の判断を行うことが望ましい。なお、後遺障害診断時から時間が経過しているケースでは、直近の醜状根の写真も併せて入手を検討することが望ましい。

2　その他入手すべき自賠責保険会社の認定資料

後遺障害診断書や画像検査の結果のほかに、自賠責保険会社が取り付けを行う資料がある。後遺障害の内容によって追加資料の有無やその内容は異なるが、代表的なものは以下のとおりである（これらの資料の書式を〈資料１〉～〈資料６〉として下記に掲げるので確認されたい）。

①　被害者が神経症状を主張している場合

・神経学的所見の推移について（資料１）

・頚椎捻挫・腰椎捻挫の症状の推移について（頚椎捻挫・腰椎捻挫の場合）（資料２）

②　脊髄損傷による障害の場合

・神経学的所見の推移について（資料１）

・脊髄損傷判定用書面（資料３）

③　高次脳機能障害

・神経系統の障害に関する医学的意見（資料４）

・頭部外傷後の意識障害についての所見（資料５）

・日常生活状況報告書（資料６）

これらの資料は自賠責保険会社の後遺障害認定の判断に用いられるものであるから、後遺障害の存否の検討にあたり入手することが望ましい。

なお、上記に記載がないもので、自賠責保険会社が入手し認定理由に用いた資料がある場合、自賠責の結果通知に明示されることが多いため、認定理由で用いられる資料については原則取り付けを試みたほうがよいと思われる。

〈資料１〉　神経学的所見の推移について

神経学的所見の推移について　（受診者名　＿＿＿＿＿＿ 様 ＿＿＿＿ 年 ＿＿ 月 ＿＿ 日生）

貴院における症状・所見の推移について、下表にご教示賜りますようお願いします。

	年　月　日	年　月　日	年　月　日	年　月　日
具体的症状	・ ・ ・ ・	・ ・ ・ ・	・ ・ ・ ・	・ ・ ・ ・
（膀胱直腸障害）	□ 無　□ 有（　　）	□ 無　□ 有（　　）	□ 無　□ 有（　　）	□ 無　□ 有（　　）
神経学的所見　腱反射 亢進 ++ 正常 + 低下 ± 消失 −	□ 正常 □ 異常 （右図にご記載下さい） □ 未施行 	□ 正常 □ 異常 （右図にご記載下さい） □ 未施行 	□ 正常 □ 異常 （右図にご記載下さい） □ 未施行 	□ 正常 □ 異常 （右図にご記載下さい） □ 未施行 
病的反射	検査名　右　左 （＋・±・−）（＋・±・−） （＋・±・−）（＋・±・−）	検査名　右　左 （＋・±・−）（＋・±・−） （＋・±・−）（＋・±・−）	検査名　右　左 （＋・±・−）（＋・±・−） （＋・±・−）（＋・±・−）	検査名　右　左 （＋・±・−）（＋・±・−） （＋・±・−）（＋・±・−）
筋力 （MMT） ゼロ 0 不可 1 可 2 良 3 優 4 正常 5	□ 正常　□ 異常（以下にご記載下さい）　□ 未施行 筋の名称　右　左　筋の名称　右　左 （　）（　）　（　）（　） （　）（　）　（　）（　） （　）（　）　（　）（　） （　）（　）　（　）（　）	□ 正常　□ 異常（以下にご記載下さい）　□ 未施行 筋の名称　右　左　筋の名称　右　左 （　）（　）　（　）（　） （　）（　）　（　）（　） （　）（　）　（　）（　） （　）（　）　（　）（　）	□ 正常　□ 異常（以下にご記載下さい）　□ 未施行 筋の名称　右　左　筋の名称　右　左 （　）（　）　（　）（　） （　）（　）　（　）（　） （　）（　）　（　）（　） （　）（　）　（　）（　）	□ 正常　□ 異常（以下にご記載下さい）　□ 未施行 筋の名称　右　左　筋の名称　右　左 （　）（　）　（　）（　） （　）（　）　（　）（　） （　）（　）　（　）（　） （　）（　）　（　）（　）
（握力）	右（　　）kg　左（　　）kg	右（　　）kg　左（　　）kg	右（　　）kg　左（　　）kg	右（　　）kg　左（　　）kg
筋萎縮	□ 無　□ 有（程度・周径を以下にご記載下さい） 右　左 上腕　cm　cm 前腕　cm　cm 小手筋　（++・+・±・−）（++・+・±・−） 大腿　cm　cm 下腿　cm　cm	□ 無　□ 有（程度・周径を以下にご記載下さい） 右　左 上腕　cm　cm 前腕　cm　cm 小手筋　（++・+・±・−）（++・+・±・−） 大腿　cm　cm 下腿　cm　cm	□ 無　□ 有（程度・周径を以下にご記載下さい） 右　左 上腕　cm　cm 前腕　cm　cm 小手筋　（++・+・±・−）（++・+・±・−） 大腿　cm　cm 下腿　cm　cm	□ 無　□ 有（程度・周径を以下にご記載下さい） 右　左 上腕　cm　cm 前腕　cm　cm 小手筋　（++・+・±・−）（++・+・±・−） 大腿　cm　cm 下腿　cm　cm
知覚障害 触覚 痛覚	□ 正常　□ 異常（下図にご記載下さい）　□ 未施行 → □ 鈍麻/　□ 過敏/　□ その他（　） 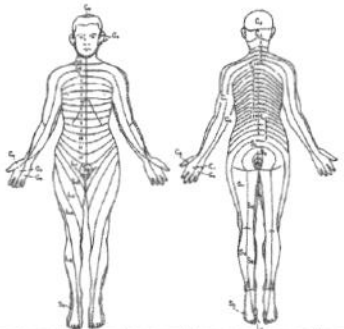	□ 正常　□ 異常（下図にご記載下さい）　□ 未施行 → □ 鈍麻/　□ 過敏/　□ その他（　） 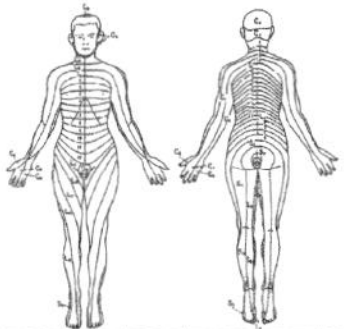	□ 正常　□ 異常（下図にご記載下さい）　□ 未施行 → □ 鈍麻/　□ 過敏/　□ その他（　） 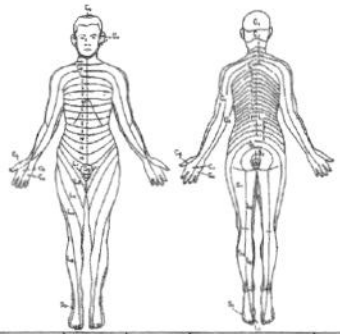	□ 正常　□ 異常（下図にご記載下さい）　□ 未施行 → □ 鈍麻/　□ 過敏/　□ その他（　） 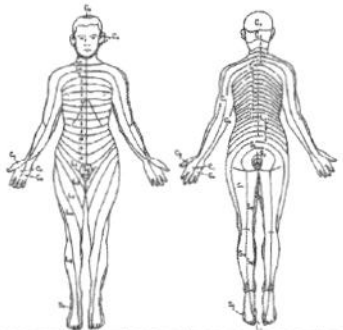
その他の所見 Jackson test Spurling test SLR, FNST 10秒テスト 等	検査名　右　左　検査名　右　左 Jackson test　　10秒テスト　回　回 Spurling test SLR FNST	検査名　右　左　検査名　右　左 Jackson test　　10秒テスト　回　回 Spurling test SLR FNST	検査名　右　左　検査名　右　左 Jackson test　　10秒テスト　回　回 Spurling test SLR FNST	検査名　右　左　検査名　右　左 Jackson test　　10秒テスト　回　回 Spurling test SLR FNST

〈ご記入にあたって〉
1．各種検査において、左右ともに計測している場合には、左右双方についてご記載下さい。
2．経時的に所見の変化が認められない場合は、「左に同じ」「変化なし」等、ご記載下さい。
3．筋電図検査・神経伝導速度測定検査の施行がありましたら、検査結果等をご提出ください。

令和　　年　　月　　日

医療機関名
診療科
医師名

〈資料２〉　頚椎捻挫・腰椎捻挫の症状の推移について

頚椎捻挫・腰椎捻挫の症状の推移について（受診者名　　　　　　　　　様　　　年　　　月　　　日生）

貴院における症状・所見等についてご教示賜りますようお願いします。

１．自覚症状の推移（貴院初診時から終診時の自覚症状の推移について下記にご記載下さい）

	初診時	終診時	初診時に症状「無」、終診時に症状「有」の場合には、下欄に出現時期をご記載下さい。	初診時（症状出現時）から終診時までの推移
頭痛	有・無	有・無	年　　月　　日頃	消失・軽減・不変・増悪
項頚部痛	有・無	有・無	年　　月　　日頃	消失・軽減・不変・増悪
背部痛	有・無	有・無	年　　月　　日頃	消失・軽減・不変・増悪
腰痛	有・無	有・無	年　　月　　日頃	消失・軽減・不変・増悪
上肢しびれ／放散痛　右	有・無	有・無	年　　月　　日頃	消失・軽減・不変・増悪
〃　左	有・無	有・無	年　　月　　日頃	消失・軽減・不変・増悪
下肢しびれ／放散痛　右	有・無	有・無	年　　月　　日頃	消失・軽減・不変・増悪
〃　左	有・無	有・無	年　　月　　日頃	消失・軽減・不変・増悪
めまい／ふらつき感	有・無	有・無	年　　月　　日頃	消失・軽減・不変・増悪
悪心／嘔気	有・無	有・無	年　　月　　日頃	消失・軽減・不変・増悪
頚椎運動制限	有・無	有・無	年　　月　　日頃	消失・軽減・不変・増悪
その他（下欄又は別紙の具体的症状欄にご記載下さい）				
	有・無	有・無	年　　月　　日頃	消失・軽減・不変・増悪
	有・無	有・無	年　　月　　日頃	消失・軽減・不変・増悪
	有・無	有・無	年　　月　　日頃	消失・軽減・不変・増悪

２．他覚的所見（所見ありの場合は別紙「神経学的所見の推移について」に経時的変化をご記載下さい）

（１）初診時（　　　年　　月　　日）
- □ 所見なし
- □ 所見あり
- □ 未施行・不明

（２）終診時（　　　年　　月　　日）
- □ 所見なし
- □ 所見あり
- □ 未施行・不明

３．画像所見（複数回施行されている場合には下欄にご記載下さい）

（１）X－P（頚椎・腰椎）

施行日　　　年　　月　　日
- □ 正常
- □ 椎間板腔狭小化（高位：　　　　　　　）
- □ 骨棘形成（高位：　　　　　　　）
- □ その他（下欄にご記載下さい）

（２）CT・MRI（頚椎・腰椎）

施行日　　　年　　月　　日
- □ 正常
- □ 椎間板膨隆（高位：　　　　　　　）
- □ その他（下欄にご記載下さい）

４．貴院終診時における症状の緩解・増悪の見込みについて先生のご見解をご教示下さい。
（症状消失までの見込み期間、症状が慢性化している原因等も含め）

令和　　　年　　月　　日

医療機関名

診療科

医師名　　　　　　　　　　　　　　印

〈資料３〉　脊髄損傷判定用書面

脊 髄 症 状 判 定 用

氏名	男　女　才		
傷病名		損傷高位	第（　　）頸髄・胸髄・腰髄 （　完全麻痺　・　不全麻痺　）

Ⅰ．運動機能（左右独立評価、健常＝合計25点×２）

A．肩・肘機能（三角筋、上腕二頭筋力にて測定）（５点×２）

		右	左
0：MMT２以下	肘疾患による障害を除く	□	□
2：MMT３		□	□
3：MMT４		□	□
4：MMT５（－）	耐久力の不足、脱力感	□	□
5：MMT５		□	□

B．手指機能（10点×２）

	右	左
0：食事動作はスプーン・フォークも使用不能　ボタンかけなどがまったく不能	□	□
2：食事動作はスプーンかフォークでやっと可能　大きいボタンを見ながらやっと掛ける	□	□
4：食事動作はスプーン・フォーク使用、ナイフ使用不能、辛うじて割り箸の使用可能 紐を結ぶことはできるが解けない	□	□
6：食事動作はナイフもやや困難であるが使用可能　割り箸はほぼ普通に使える 大きいボタンは掛けられるがＹシャツのボタンは困難	□	□
8：食事動作はナイフ、フォークの扱いは自由、箸の使用は自由だがややぎこちない 細い紐の結び解き、Ｙシャツのボタン掛け外しはできるがぎこちない	□	□
10：食事動作、紐結び、ボタン掛けすべて普通に可能	□	□

C．下肢機能（下肢機能は明らかな左右差がないかぎり、左右同点とする）（10点×２）

	右	左
0：起立、歩行不能	□	□
2：つかまり立ち、歩行器歩行可能	□	□
4：松葉杖（一本杖）歩行可能、階段上昇可能、片足ジャンプ不能	□	□
6：平地で杖なし歩行可能、階段昇降可能（下降時に必ず手すり必要）、片脚起立可能	□	□
8：平地では速歩可能、走ることは自信ない、階段下降はぎこちない、片足ジャンプ可能	□	□
10：正常、片足ジャンプ、歩行、階段昇降はスムーズ	□	□

Ⅱ．知覚機能（左右独立評価、健常＝合計20点×２）

A．上肢（％は患者の自己評価による正常域に対する残存知覚の範囲）（10点×２）

		右	左
0：（０～10％）	知覚脱出 しびれが強くて我慢できない	□	□
3：（20～40％）	何かに触れていることはわかるが、形状、質の識別は不可能 睡眠を妨げるしびれ	□	□
5：（50～70％）	触れていることも形状、質ともに識別可能、しかし感覚は半分ほどしか わからない　ときに投薬を必要とする疼痛、しびれがある	□	□
8：（80～90％）	触覚はほぼ正常であるが、軽い痛覚鈍麻あり 軽いしびれはあるが、気にならない	□	□
10：（100％）	正常で、しびれ・疼痛などもない	□	□

記入上のご注意
1．該当する項目の□にチェックして下さい。
2．補足する事項等ある場合には、Ⅳ欄を利用して文章にてご記入下さい。

B．下肢・体幹（％は患者の自己評価による正常域に対する残存知覚の範囲）（10点×２）

		右	左
0：（０～10％）	知覚脱出 しびれが強くて我慢できない	□	□
3：（20～40％）	何かに触れていることはわかるが、形状、質の識別は不可能 睡眠を妨げるしびれ	□	□
5：（50～70％）	触れていることも形状、質とも識別可能、しかし感覚は半分ほどしか わからない。ときに投薬を必要とする疼痛、しびれがある。	□	□
8：（80～90％）	触覚はほぼ正常であるが、軽い痛覚鈍麻あり 軽いしびれはあるが、気にならない	□	□
10：（100％）	正常で、しびれ・疼痛などもない	□	□

Ⅲ．膀胱機能（健常＝合計10点）

0：自排尿が不能、あるいは失禁	□
3：やっと自排尿できる、つねに残尿感があり、あるいはおむつが必要な失禁	□
5：頻尿・尿線に勢いがない　ときに失禁し、下着を汚すことがある	□
8：膨満感は正常、排尿まで時間がかかる、頻尿	□
10：膨満感、排尿ともに正常	□

Ⅳ．日常生活動能力又は労働能力に関する医師の意見を記入してください。
また、食事、入浴、用便、更衣等に介護が必要な場合は、具体的に記入してください。

診断日　　年　　月　　日
発行日　　年　　月　　日

所在地
名称
診療科
医師氏名

〈資料4〉　神経系統の障害に関する医学的意見

小学生以上・成人　用

神経系統の障害に関する医学的意見

患者氏名		男・女	才

記入年月日　　　　　　年　　月　　日
病院名
診療科
医師名　　　　　　　　　　　　　　　印

1．画像（脳 MRI、脳 CT など）および脳波　これらの医学的検査において、検査名・検査日と特記すべき所見をお示しください。

2．神経心理学的検査　知能、記憶、情報処理能力、遂行機能、言語などの検査を行っていましたら、検査日と所見をお示しください。**（併せて、検査報告書のコピーを添付してください。）**

検査日（　　　　年　　　月　　　日）
検査名と所見：

3．運動機能　該当する項目に○をつけてください。また筋力も MMT(5～0)で記入してください。

右上肢	1. 正常	2. 手指巧緻性低下		3. 補助手		4. 廃用
筋力	肩屈曲：	肩外転：	肘屈曲：	肘伸展：	手屈曲：	手伸展：
左上肢	1. 正常	2. 手指巧緻性低下		3. 補助手		4. 廃用
筋力	肩屈曲：	肩外転：	肘屈曲：	肘伸展：	手屈曲：	手伸展：
右下肢	1. 正常	2. 耐久力低下/つまずきやすい		3. 片足立ち困難/下肢装具使用		4. 廃用
筋力	股屈曲：	股伸展：	膝屈曲：	膝伸展：	足屈曲：	足伸展：
左下肢	1. 正常	2. 耐久力低下/つまずきやすい		3. 片足立ち困難/下肢装具使用		4. 廃用
筋力	股屈曲：	股伸展：	膝屈曲：	膝伸展：	足屈曲：	足伸展：
体幹	1. 正常	2. 軽度バランス障害		3. バランス悪く長く立っていられない		4. 座っていられない

4．身の回り動作能力　該当する項目に○をつけてください。

食事動作	1. 自立	2. ときどき 介助・見守り・声かけ	3. ほとんどできない/大部分介助	4. 全面的に介助
更衣動作	1. 自立	2. ときどき 介助・見守り・声かけ	3. ほとんどできない/大部分介助	4. 全面的に介助
排尿・排尿動作	1. 自立	2. ときどき 介助・見守り・声かけ	3. ほとんどできない/大部分介助	4. 全面的に介助
排便・排便動作	1. 自立	2. ときどき 介助・見守り・声かけ	3. ほとんどできない/大部分介助	4. 全面的に介助
入浴動作	1. 自立	2. ときどき 介助・見守り・声かけ	3. ほとんどできない/大部分介助	4. 全面的に介助
屋内歩行	1. 自立	2. つかまり歩き/てすり	3. てつなぎ/装具/歩行器	4. 屋内歩行不能
屋外歩行	1. 自立	2. ときどき介助/遠くへ行けない	3. てつなぎ/装具/歩行器	4. 屋外歩行不能
階段昇降	1. 自立	2. ときどき 介助・見守り/てすり	3. ほとんどできない/大部分介助	4. 階段昇降不能
車いす操作	1. 自立	2. ときどき 介助・見守り・声かけ	3. ほとんどできない/大部分介助	4. 車いす自操不能
公共交通機関	1. 自立	2. ときどき 介助・見守り・声かけ	3. ほとんどできない/大部分介助	4. 公共交通機関は利用できない

5．てんかん発作の有無

（1）無し
（2）有り：
　①治療のために使用している抗てんかん薬の種類と量：
　②上記の治療を行っていても発作がある場合は、その頻度：　年＿＿＿回程度、月＿＿＿回程度、日＿＿＿回程度
　③多く見られる発作の型：

6．認知・情緒・行動障害　（以下の1～21の症状について該当する数字に○をつけてください）

1	2	3	4
なし	軽度/稀に	中等度/ときどき	重度/頻回
障害なし	障害はあるが軽度であり、生活には支障がない	代償手段の工夫や家族等の援助で対処できている	深刻な生活困難さを起こす原因となっている。

1	以前に覚えていたことを思い出せない	1	2	3	4
2	新しいことを覚えられない	1	2	3	4
3	疲れやすく、すぐ居眠りする	1	2	3	4
4	自発性低下、声かけが必要	1	2	3	4
5	気が散りやすく、飽きっぽい	1	2	3	4
6	発想が幼児的、自己中心的	1	2	3	4
7	話がまわりくどく、考えを相手に伝えられない	1	2	3	4
8	周囲の人との意思疎通を上手に行えない	1	2	3	4
9	複数の作業を同時に行えない	1	2	3	4
10	行動を計画したり、正確に遂行することができない	1	2	3	4
11	粘着性、しつこい、こだわる	1	2	3	4
12	感情の変動がはげしく、気分が変わりやすい	1	2	3	4
13	感情や言動をコントロールできない	1	2	3	4
14	ちょっとしたことですぐ怒る	1	2	3	4
15	暴言・暴力	1	2	3	4
16	性的な異常行動・性的羞恥心の欠如	1	2	3	4
17	ふさぎこむ、気分がおちこむ	1	2	3	4
18	特に理由もなく不安を感じている	1	2	3	4
19	夜、寝つけない、眠れない	1	2	3	4
20	幻覚や妄想がある	1	2	3	4
21	受傷前と違っていることを自分では認めない	1	2	3	4

7．上記6．の症状が社会生活・日常生活に与える影響について具体的にご教示ください。

8．全般的活動および適応状況

家庭、地域社会、職場、または学校などでの、全般的活動状況ならびに適応状況について具体的にご教示ください。

〈資料５〉　頭部外傷後の意識障害についての所見

頭部外傷後の意識障害についての所見（記入例をご参照ください。）

患者 ＿＿＿＿＿＿＿＿＿＿＿＿＿ 様　　　　　　年　　月　　日生

１．意識障害の有無、その推移についてご記入ください。

（１）意識障害の有無・推移

□　初診時の意識障害なし

□　初診時の意識障害あり　（ＪＣＳ：＿＿＿　ＧＣＳ：Ｅ＿＿＋Ｖ＿＿＋Ｍ＿＿＝＿＿）

□　経過中に意識障害が出現（ＪＣＳ：＿＿＿　ＧＣＳ：Ｅ＿＿＋Ｖ＿＿＋Ｍ＿＿＝＿＿）

○　意識レベルの推移について、JCS またはGCS にて確認された内容をご記入ください。

経過 時間・日	JCS	GCS			
		E	V	M	計

（２）上記の期間で意識障害が認められた場合

□治療期間中、意識清明になった。

意識清明になった時期：（およその場合は（約）に○を付けてください。）

（約）＿＿＿＿時間後、（約）＿＿＿＿日後、（約）＿＿＿＿ヶ月後

（＿＿＿＿年＿＿＿月＿＿＿日頃）

□退院時（転院時）、意識清明にならなかった。

（３）入院時昏睡の場合（JCS：30以上、GCS：M≦５）

□簡単な命令に応じるようになった。

応じるようになった時期：（およその場合は（約）に○を付けてください。）

（約）＿＿＿＿時間後、（約）＿＿＿＿日後、（約）＿＿＿＿ヶ月後

（＿＿＿＿年＿＿＿月＿＿＿日頃）

□退院時（転院時）、命令に応じなかった。

２．外傷後健忘（PTA）（本人が覚えていない期間）の長さについてご記入ください。

□　なし

□　あり：（約）＿＿＿時間、（約）＿＿＿日、（約）＿＿＿ヶ月（およその場合は（約）に○を付けてください。）

□　不明

３．その他、意識障害の所見について、特記すべきことがありましたらご教示ください。

年　　月　　日　医療機関の住所

医療機関の名称・科目

医師氏名　　　　　　　　　　　　　　　　印

〈資料6〉　日常生活状況報告書

小学生以上・成人　用

日常生活状況報告

記入年月日　　年　　月　　日

患者様氏名		男・女	才	記入者名			
生年月日	年　月　日			患者様との間柄		患者様との同居の有無	はい
利き手	右手・左手						いいえ

記入上の注意　　**ご家族、近親者、または介護の方がご記入ください。**

1. 日常生活（以下の1～30の項目の【能力程度】の状態について、受傷前後の該当する数字に○をつけて下さい）

【能力程度】

0	1	2	3	4	N（当てはまらない）
問題がない。	多少問題はあるがあらかじめ準備をしておいたり、環境を整えておけば一人で安定して行える。	確実に行うためには、周囲からの確認や声かけが必要。（確認・声かけが何回かに1回で済むのであれば、左欄の「1」とする）	周囲の人が、行動を共にしたり、具体的なやり方を示すなど、言葉以外の直接的な手助けが必要。	準備、声かけ、手助けなどを行っても、指示を守れなかったりするために、周囲の人が後始末をしなければならない場合。	年齢や生活環境が異なるために、質問の内容が不適当で回答できない場合（同居していないなどのため情報不足の場合）。

		受傷前	受傷後（　年　月）
1	起床・就寝時間を守れますか。	0　1　2　3　4　N	0　1　2　3　4　N
2	日課にしたがった行動をしていますか。	0　1　2　3　4　N	0　1　2　3　4　N
3	言葉による指示を理解できますか。	0　1　2　3　4　N	0　1　2　3　4　N
4	言いたい内容を相手に十分伝えられますか。	0　1　2　3　4　N	0　1　2　3　4　N
5	電話や来客の意図を理解して相手に応対し、家族へ適切な伝言ができますか。	0　1　2　3　4　N	0　1　2　3　4　N
6	適当な量の食事を適切な食事時間に食べていますか。	0　1　2　3　4　N	0　1　2　3　4　N
7	簡単な食事の準備から調理、配膳や食器洗いができますか。	0　1　2　3　4　N	0　1　2　3　4　N
8	部屋の掃除や整理、後片付けなどができますか。	0　1　2　3　4　N	0　1　2　3　4　N
9	洗剤の準備や洗濯機の操作、洗濯物干し、取り入れ、片付けなどができますか。	0　1　2　3　4　N	0　1　2　3　4　N
10	通勤や通学あるいは通院などのときに、安全に行き帰りできますか。	0　1　2　3　4　N	0　1　2　3　4　N
11	交通機関の利用で、切符購入、乗車、乗り換え、目的地での降車などができますか。	0　1　2　3　4　N	0　1　2　3　4　N
12	施設や病院等との連絡・調整、役所での必要書類の作成などができますか。	0　1　2　3　4　N	0　1　2　3　4　N
13	日用品程度の物品を選んで、買い物ができますか。	0　1　2　3　4　N	0　1　2　3　4　N
14	日常生活に必要な金銭管理ができますか。	0　1　2　3　4　N	0　1　2　3　4　N
15	体調を適切に判断して、体調不良の相談をしたり、簡単な傷の処置ができますか。	0　1　2　3　4　N	0　1　2　3　4　N
16	服薬の必要性を理解し、服薬の時間、量を間違わず、飲み忘れがないですか。	0　1　2　3　4　N	0　1　2　3　4　N
17	病院受診について、治療の必要性などの理解や判断ができていますか。	0　1　2　3　4　N	0　1　2　3　4　N
18	保険証や預金通帳、財布などの大切な物の管理ができますか。	0　1　2　3　4　N	0　1　2　3　4　N
19	他人からの借り物やレンタルビデオなどの返却ができますか。	0　1　2　3　4　N	0　1　2　3　4　N
20	タバコの火やガスの始末、家の戸締りなど安全のための管理ができますか。	0　1　2　3　4　N	0　1　2　3　4　N
21	メモ帳やカレンダーを利用して予定を管理できますか。	0　1　2　3　4　N	0　1　2　3　4　N
22	キャッチセールス、ダイヤルQ2、迷惑メールなどに適切に対応できますか。	0　1　2　3　4　N	0　1　2　3　4　N
23	落し物、金銭の不足、道に迷うなどの日常生活で問題が起きた時に対処できますか。	0　1　2　3　4　N	0　1　2　3　4　N
24	円滑な対人関係を保っていますか。トラブルはないですか。	0　1　2　3　4　N	0　1　2　3　4　N
25	人と付き合う場合に、社会常識や基本的マナーに基づいた行動をしていますか。	0　1　2　3　4　N	0　1　2　3　4　N

修学している場合は、以下の項目もご回答下さい。

		受傷前	受傷後
26	毎日の授業についていけますか。補習が必要になっていますか。	0　1　2　3　4　N	0　1　2　3　4　N
27	学校から家庭へ向けたお知らせを、忘れずに家族に告げられますか。	0　1　2　3　4　N	0　1　2　3　4　N
28	休み時間や放課後に、沢山の友達と話したり、遊んだりしていますか。	0　1　2　3　4　N	0　1　2　3　4　N
29	翌日の授業のための準備ができますか。	0　1　2　3　4　N	0　1　2　3　4　N
30	休まずに学校に行って、授業も普通に受けていますか。	0　1　2　3　4　N	0　1　2　3　4　N

2. 問題行動（以下の1～10の項目の【問題行動の頻度】について、受傷前後の該当する数字に○をつけて下さい）

【問題行動の頻度】

0	1	2	3	4	N
ない	稀にある	およそ月に1回以上ある	およそ週に1回以上ある	ほぼ毎日ある	（当てはまらない）

		受傷前	受傷後（　年　月）
1	顕著な子どもっぽさ、年齢にそぐわない甘えや依存がありますか。	0　1　2　3　4　N	0　1　2　3　4　N
2	ムッとする、怒る、イライラなどの表情や態度がみられますか。	0　1　2　3　4　N	0　1　2　3　4　N
3	大声や奇声あるいは不適切な発言など、場にそぐわない言動がありますか。	0　1　2　3　4　N	0　1　2　3　4　N
4	他傷・自傷、あるいは物を壊すなどの暴力をふるうことがありますか。	0　1　2　3　4　N	0　1　2　3　4　N
5	菓子や食べ物、酒やタバコなどは誰かに注意されるまでやめることができないですか。	0　1　2　3　4　N	0　1　2　3　4　N
6	うまく行かないことがあると、家族や友達、あるいは同僚の責任にしますか。	0　1　2　3　4　N	0　1　2　3　4　N
7	手をいつまでも洗っている、電気を消して回るなど、強いこだわりがありますか。	0　1　2　3　4　N	0　1　2　3　4　N
8	他人が迷惑と感じるような強い思い込みがありますか。	0　1　2　3　4　N	0　1　2　3　4　N
9	じっとしていられずに、落ち着き無く動き回ったりしますか。	0　1　2　3　4　N	0　1　2　3　4　N
10	周囲に恐怖を与える行動や、盗みなどの行為がありますか。		0　1　2　3　4　N

3. 日常の活動および適応状況（家庭、地域社会、職場、学校などにおいて、日常の活動状況や適応状況について、該当する数字に○をつけてください。）

＊下記4. にも具体的にご記入ください。

1	家庭、地域社会、職場、または学校などの広い領域において、問題なく良く活動・適応している。
2	家庭、地域社会、職場、または学校で、効率良く順調に活動・適応している。
3	家庭、地域社会、職場、または学校における行動や人間関係に、ごくわずかな障害がある。
4	家庭、地域社会、職場、または学校で、いくらかの困難がある。しかし全般的には良好にふるまっていて有意義な対人関係もかなりある。
5	家庭、地域社会、職場、または学校で、中等度の困難がある。 （例：友達が少ししかいない。友人あるいは職場の同僚とトラブルを起こすことがある。）
6	家庭、地域社会、職場、または学校で深刻な障害がある。 （例：友達がいない。仕事が続かない。）
7	家庭、地域社会、職場、または学校で、重大な障害がある。 （例：友人を避け、家族を無視し、仕事ができない。子供の場合、しばしば乱暴をし、家庭では家族に反抗し、学業は同級生についてゆけない。）
8	家庭、地域社会、職場、または学校で、役割を果たしたり、人と関わることができない。 （例：家屋内あるいは自室に引きこもり。仕事も家庭も友人関係も維持できない。）
9	最低限の身辺の清潔や健康維持もできない部分がある。一人ではほとんど生活を維持できない。
10	最低限の身辺の清潔や健康維持を持続的に行うことができない。

4. 上記1～3の症状状態が、社会生活・日常生活にどのような影響を与えているか、事故前後の生活状況の変化、現在支障が生じていることなど、具体的にご記入ください。

（記入欄にエピソードなどを書ききれなければ、別の用紙に記入して添付してください。）

1/2

5. 就労・就学状況（事故前後の就労・就学状況について、該当する項目に○をつけ、理由等をご記入ください。）

就労状況	事故前	a.就労している （職業：　　　　　　　　　　　　　　　） b.就労していない （理由：　　　　　　　　　　　　　　　）
	現在	a.就労している： 1．元の職場に復帰（配置転換の　有・無） 2．福祉的就労（授産所・作業所・援護施設：　　　　　　　　　） 3．その他・内容： ※　就労している場合の具体的な仕事の状況
		a.就労していない （理由：　　　　　　　　　　　　　　　　）

※事故時に就学中であった方はご記入ください。

就学状況	現在	a.就学している（普通学級・特別学級・養護学校） b.就学していない （理由：　　　　　　　　　　　　　　　　） ※　就学している場合の具体的な就学の状況

仕事や学校を辞めた場合、あるいは変えた場合には、その理由やいきさつを以下に記入してください。

6. 身の回り動作能力　該当する項目に○をつけてください。

食事動作	1. 自立	2. ときどき 介助・見守り・声かけ	3. ほとんどできない/大部分介助	4. 全面的に介助
更衣動作	1. 自立	2. ときどき 介助・見守り・声かけ	3. ほとんどできない/大部分介助	4. 全面的に介助
排尿・排尿動作	1. 自立	2. ときどき 介助・見守り・声かけ	3. ほとんどできない/大部分介助	4. 全面的に介助
排便・排便動作	1. 自立	2. ときどき 介助・見守り・声かけ	3. ほとんどできない/大部分介助	4. 全面的に介助
入浴動作	1. 自立	2. ときどき 介助・見守り・声かけ	3. ほとんどできない/大部分介助	4. 全面的に介助
屋内歩行	1. 自立	2. つかまり歩き/てすり	3. てつなぎ/装具/歩行器	4. 屋内歩行不能
屋外歩行	1. 自立	2. ときどき 介助/遠くへ行けない	3. てつなぎ/装具/歩行器	4. 屋外歩行不能
階段昇降	1. 自立	2. ときどき 介助・見守り/てすり	3. ほとんどできない/大部分介助	4. 階段昇降不能
車いす操作	1. 自立	2. ときどき 介助・見守り・声かけ	3. ほとんどできない/大部分介助	4. 車いす自操不能
公共交通機関	1. 自立	2. ときどき 介助・見守り・声かけ	3. ほとんどできない/大部分介助	4. 公共交通機関は利用できない

7. 上記6. に基づき、声かけ、見守り、介助が必要な理由、それらの内容、頻度を具体的にご記入ください。

Q23　逸失利益の基礎収入を算定する場合の注意点、休業損害の基礎収入との相違点はどこか

A　休業損害が過去の一定期間の実損を填補するものであるのに対し、逸失利益は将来の長期的な減収を填補するものである。よって、逸失利益の基礎収入は仮定によらざるを得ない部分が大きいが、特に若年者、自営業者等では休業損害の基礎収入と大きく異なることが多いので注意を要する。

［導入対話］

新保　現在対応中の被害者の方ですが、自賠責で後遺障害等級14級９号の認定となりました。逸失利益も含めて賠償提示をしたいと思いますが、基礎収入については、休業損害をお支払いしているので、そのときと同じ金額を用いれば大丈夫でしょうか。

課長　それは被害者の仕事や収入の内容、年齢などによるね。休業損害と逸失利益とで基礎収入が同じになることもあれば、違うこともある。今回の被害者の方の年齢、職業は？

新保　40歳の主婦の方です。休業損害は賃金センサスの女性全年齢平均で計算しました。

課長　なるほど。それなら、今回は逸失利益も同じく賃金センサスの女性全年齢平均でいいだろう。主婦の場合、高齢だと年齢別の賃金センサスを使うことも多いけど、40代ならば特段の事情がない限り全年齢平均で問題なさそうだね。

新保　休業損害と逸失利益とで基礎収入が異なるのはどのようなケースでしょうか。

課長　まず、若い人の場合だね。学生だとアルバイトをしていなければ休業損害はゼロだけど、逸失利益は発生する。卒業して働き始めるであろう期間を始点として、学歴別・男女別の全年齢平均を用いることが多い。また、若い会社員だと、将来的には増収する可能性が

高いから、やはり今の所得ではなくて、学歴別・男女別の全年齢平均を用いることが多い。ただ、どちらの場合も労働能力喪失期間が５年等の短い期間に限定される場合は、若い時の年収を基礎にするほうが普通かな。

新保　私もそうですが、５年でそんなに給料は上がらないですもんね……。ところで、ここでいう「若い」とは、だいたい何歳くらいまででしょうか。

課長　おおむね30歳未満といわれているけど、ケースバイケースだね。

新保　なるほど。ほかに、休業損害と逸失利益で基礎収入が異なる場合はありますか。

課長　たとえば一般の会社員だと、休業損害は事故前３か月の給与の平均で１日いくらと計算して、さらに賞与の減額があればそれに加算するよね。逸失利益の場合は基本的に事故前年の年収をベースにするから、若干相違が出るのが普通だね。

新保　確かにそうですね。自営業だったらどうでしょうか。

課長　自営業者の休業損害については前に詳しく話をしたように（Q19参照）、事故前と事故後の実際の損益の差異で計算するか、所得に休業中に無駄になった固定費を加算して計算するのが基本だよね。だけど、逸失利益の場合は固定費の加算はせずに、シンプルに青色申告特別控除前の所得が基礎収入となる。固定費も含めた事業の全体像をベースにして、どれだけ減収があるかということだから。

新保　そうですよね。でもそういえば、先日、被害者側から逸失利益についても固定費を足して計算して請求されたことがありました。被害者側に弁護士がついている事案です。

課長　私も何度か経験がある。わかっていてあえてそのような請求をしているのか、単に誤解しているのかわからないけど、いずれにせよ反論の必要があるね。

新保　会社の代表者の場合は、役員報酬を基礎収入にしてよいのでしょうか。

課長　これは一番難しいところだね。大きな会社の代表者であればそれでいい場合も多いかもしれないけど、あと何年その地位にとどまれるかという問題はあるだろうね。

あと、小さい会社の場合、特に個人と法人をほぼ同一視できるような場合は、会社の決算も一体としてみないと実態がわからない場合が多い。

一般に、役員報酬には労務対価部分と利益配当部分が含まれ、前者のみが基礎収入となる。どこまでを労務対価部分と評価するのかは事案ごとの判断で難しいけど、会社の業績と代表者の役員報酬がミスマッチになっていないか、注意が必要だね。

新保　ミスマッチとは、たとえばどのようなケースでしょうか。

課長　意外と多いのが、会社がずっと赤字なのに、高額な役員報酬が計上されているケースだね。

新保　でも、赤字が続いている会社だったら高い役員報酬を払うお金はないですよね。

課長　そのとおり。だから、決算書上は役員報酬が計上されていても、実際には未払いになっていたり、代表者から会社に貸し付けて相殺したような処理をしていることが多い。

新保　なぜ、そんなことをするのですか。会社は赤字なら法人税はほとんどかからないし、代表者は実際にお金をもらっていなくても所得税や住民税がかかってしまいますよね。

課長　確かに税務上は損だよね。借入れの関係などで個人の所得を下げるわけにはいかないというようなケースもあるだろうけど、単に業績の良かった時に役員報酬を決めてそれ以降変えていないという事例も多そうだ。

新保　なるほど。とにかく、本人の源泉徴収票だけみて機械的に処理すべきではなく、特に個人と会社が一体の場合には会社も含めて実態をみるということですね。

課長　そのとおり。あと、実際に減収があったのかなかったのか、直近までの収入を確認することも大切だね。症状固定から何年か経ってから逸失利益を請求されているケースなら、その間の収入資料を出してもらうこと。症状固定の直後でも、仕事をしているなら直近の収入は確認しておくべきだと思うね。

新保　わかりました。やはり、評価や判断の前に事実をもれなく確認することが重要ですね。

解　説

1　逸失利益の基礎収入の基本的な考え方

逸失利益の基礎収入について、赤い本では、「原則として事故前の現実収入を基礎とするが、将来、現実収入以上の収入を得られる立証があれば、その金額が基礎収入となる。なお、現実収入額が賃金センサスの平均賃金を下回っていても、将来、平均賃金程度の収入を得られる蓋然性があれば、平均賃金を基礎収入として算定すればよい」と述べられている（赤い本〔令和5年版〕上巻105頁）。

ただし、若年者、主婦、自営業者、会社役員、失業者、高齢者など、上記の考え方だけでは適切な基礎収入を算定できない例は多数存在する。赤い本上巻では職種別に事例が列挙されてはいるが、絶対数が少なく抽出の基準も不明であるため、これが裁判所の傾向であると軽信しないほうがよい。

また、基礎収入の算定が特に困難となるのは、被害者が自営業者、会社役員の場合である。この点に関する考え方は休業損害と共通するところが大きいので、［導入対話］で述べられている点のほか、Q19で紹介した赤い本下巻の各解説記事を参照いただきたい。

2　減収の有無の重要性

基礎収入の問題とは離れるが、逸失利益の算定に関し重要な点を１点指摘する。

逸失利益の本質については、労働能力の低下により現実に生じる損害（収入の差額）を基礎として考えつつ、減収がない場合でも、後遺障害が被害者にもたらす経済的不利益を認めるに足りる特段の事情があれば、逸失利益を認めるというのが最高裁判所の判断である（最判昭和56年12月22日民集35巻９号1350頁）。つまり、逸失利益の出発点となるのはあくまで現実の減収である。

しかし、実務をみると、被害者側は症状固定後の収入を明らかにしないまま、単に基礎収入に自賠責で認定された後遺障害等級に対応する労働能力喪失率を乗じて逸失利益を主張するケースが多い。また、加害者側でも、逸失利益を争っているにもかかわらず、症状固定後の収入を求釈明せずに進めている事例が散見される。

損害保険会社の担当者等が交渉にあたっている段階では、症状固定から間もなく等級が認定されて被害者からの請求を受けているため、症状固定後の年収までは判明していないケースも多いであろう。しかし、たとえば元の職場に同じポジションで復帰しているのであれば減収は発生していない事例も多いと考えられるから、その場合は将来的な減収や昇進における不利益の可能性を検討していく必要がある。

特に、自賠責で高い等級の後遺障害が認定されている事例では、早計に基礎収入に労働能力喪失率を乗じて逸失利益を算定して提示することは避け、直近までの実収入の確認は必須として、弁護士委任も含め慎重な検討をすべきであろう。

Q24　後遺障害の損害算定において、傷病ごとに特に注意を要する点はどこか

A　後遺障害等級の認定が自賠責と訴訟とで異なる結論になりやすいものとしては、①関節の可動域制限、②脊髄損傷、③高次脳機能障害等がある。

逸失利益の算定に注意が必要なものとして、①局部の神経症状、②外貌醜状、③脊柱の変形障害、④歯牙欠損等がある。

［導入対話］

新保　今日は少し一般的なことを教えてください。被害者の方の治療が終わり、自賠責で後遺障害が認定され、賠償提示をするという流れになることが多いわけですが、自賠責で等級が認定されたら自動的に後遺障害の損害が決まるというわけではないのですよね。傷病名によって、注意しなければならない点はあるでしょうか。

課長　そうだね。被害者としては自賠責の認定に異議がないとして、次にそれを踏まえて加害者側の任意保険会社として損害をどのように計算するか。大きく分けて、自賠責の等級認定が妥当なのかという問題と、等級認定は正しいことを前提に逸失利益をどのように考えるかという問題があるね。

新保　等級認定が問題になるケースというのは、どのような傷病が多いのですか。

課長　事例として多いのは、まず関節の可動域制限だね。自賠責では後遺障害診断書に書かれた可動域の数字だけをみて、機械的に等級認定をしてしまうケースが多い。だけど、カルテをとってみたら、後遺障害診断書に書かれた数字がそれまでのリハビリでの数字と全然違ったりすることが多い。

新保　なぜそんなことが起きるのでしょうか。

課長　検査者の違いと目的の違いが大きいと思う。リハビリ中は理学療

法士が可動域を測るけれど、後遺障害診断の時は医師が測ることが多いようだ。可動域測定は患者さんがこれ以上は曲げられないと言ったところまでの数値を測ることが多いけど、どれくらい無理をさせるかは検査者によってばらつきが出てしまう。一般的にいえば、理学療法士さんのほうが測定に慣れているから、大きい数字になりやすいのかもしれない。

新保　なるほど。目的の違いというのはなんですか。

課長　リハビリ中の可動域測定は、リハビリの効果がどれくらい出ているかを検証し、今後のリハビリをどうするかを検討する目的で行うよね。でも後遺障害診断の場合、基本的にはそこで治療が終わりになることが前提だし、可動域の数値によって後遺障害等級が決まるということは患者さんも医師もわかっている。つまり、損害賠償請求のために測定を行うのが主な目的ともいえる。

新保　たとえば上肢や下肢だと腱側の2分の1以下なら10級、4分の3以下なら12級という基準になっていますが、これは誰でもインターネットでみられますよね。

課長　そのとおり。だから、後遺障害診断書の記載や自賠責で認定されている・されていないというだけで可動域制限の有無を決めてしまうのではなく、リハビリ中の可動域の推移も確認することが重要だろうね。

新保　なるほど。ほかに等級認定が問題となるのはどのような事例がありますか。

課長　裁判で自賠責と異なる結論になることが多いのは、脊髄損傷と高次脳機能障害のケースかな。これも自賠責では所定の書式と画像だけで判断されることが多いけれど、裁判となると医療記録をすべて取り寄せて、画像所見やその他の検査所見、既往症との関係等も踏まえて判断するので、自賠責とは異なる結論になることが少なくない。

新保　脊髄損傷や高次脳機能障害だと、損害額が大きくなりますよね。こうした事案では早い段階から医療調査をしっかりして、慎重に検討したほうがよさそうですね。

課長　そのとおりだね。

新保　逸失利益が問題になりやすい傷病としては、どのようなものがありますか。

課長　まず、一番事例が多い局部の神経症状の問題がある。神経症状を裏付ける他覚的所見がない場合は14級9号、他覚的所見の裏付けがある場合は12級13号で、前者は5％、後者は14％の労働能力喪失率というのが、自賠責の考え方だよね。

　裁判所は、労働能力喪失率はこのとおりに考えるけれど、労働能力喪失期間については14級9号の場合は5年、12級13号の場合は10年とする例が多く、一種の不文律のようになっている。

新保　なるほど。裁判では、それより長くも短くもならないと考えたほうがいいですか。

課長　それは裁判官によるところがすごく大きいと思う。カルテの内容や減収状況を具体的に検討してこれと違う計算をする裁判官もいれば、「14級だから5年5％」と決めつけ、どちらの主張も真摯に検討しない裁判官も少なくないというのが私の正直な印象だな。

新保　なるほど……。そうなると、裁判官のめぐり合わせで結論が変わってしまいますね。ほかにはどうでしょうか。

課長　外貌醜状や歯牙欠損については、逸失利益が否定される例が結構多い。これは、どちらも収入には直接影響しないことが多いと考えられているからね。ただ、これは被害者の職業や業務内容による。外貌醜状は、たとえばモデルやタレントだと認められやすい傾向にあるよ。

新保　確かにそれが妥当ですよね。

課長　あとは、脊柱の変形障害。一番よくあるのは、腰椎等の圧迫骨折で8級や11級が認定されるケース。これも外貌醜状と同じく、変形自体は見た目の問題であって、それが直接仕事に影響することは少ない。ただ、外貌醜状と違って、脊柱が変形していることで痛みが出たりすることはある。特に11級の場合は、等級の基準の20%満額よりもやや低い逸失利益が認められる事例が多いね。

新保　なるほど。もちろん事例ごとの判断ではあるけれど、裁判例の傾向というか相場観のようなものは結構あるわけですね。しっかり勉強しておきます。

解　説

1　後遺障害の内容を理解することの重要性

［導入対話］のとおり、自賠責で後遺障害等級が認定されたからといって、これに基づいて自動的に損害が決定されるわけではない。裁判所は自賠責の等級認定に拘束されるものではないし、労働能力喪失率についても必ずしも自賠責の基準どおりに計算されるわけではない。

損害賠償の対応にあたっては、まずその後遺障害がどのようなものであるのか、自賠責の認定基準は具体的にどのようになっているのかを正しく理解する必要がある。

そのうえで、被害者の職業も考慮したうえで、その後遺障害によって被害者の稼働にどのような支障が生じるか、素朴な視点でイメージしてみることが重要と思われる。

2　後遺障害を理解するための文献

上記のとおり、後遺障害による損害については事例ごとの判断とはなるが、傷病名ごとに実務の傾向は存在するので、これを理解することが重要である。そのために有用と思われる文献をいくつか紹介する。

⑴ 『労災補償　障害認定必携』（一般財団法人労災サポートセンター発行）

労災の後遺障害認定基準（自賠責もほぼ同様である）について、部位別の障害等級やその具体的な認定基準が網羅されている。

認定基準が改定されるとそれに伴って同書も改訂されるため、常に最新版を参照すればよいというわけではなく、事故日を確認して被害者に適用される基準を参照する必要がある（執筆時点の最新版は、2020年発行の第17版である）。

⑵ 高野真人ほか『改訂版　後遺障害等級認定と裁判実務』（新日本法規出版・2017年）

後遺障害の理解に必要な限度での医学知識、自賠責における後遺障害等級認定基準や各種ガイドライン等の紹介に加え、裁判実務の傾向まで幅広く解説されている。

⑶ 赤い本下巻

赤い本下巻でも、後遺障害の損害算定に関する問題が取り上げられ、裁判例が一覧表の形で示されることが多く、大変参考になる。

たとえば、［導入対話］であげた傷病に関連するところでは、外貌醜状については令和２年版（綿貫義昌「外貌醜状に関する逸失利益、慰謝料をめぐる諸問題」同書47頁以下）、脊柱の変形障害については令和３年版（小沼日加利「脊柱変形の障害による労働能力の喪失について」同書73頁以下）、高次脳機能障害については令和５年版（大瀧泰平「高次脳機能障害の等級認定」同書19頁以下）で取り上げられている。詳細は、本書巻末に掲載の「赤い本下巻（講演録）テーマ一覧」を参照されたい。なお、古い講演録の内容は近時の裁判例の傾向とは相違する可能性があり、特に医学的な評価の問題が大きい分野については注意が必要である。

Ⅳ　付添費、介護費

Q25　付添費はどのような場合に損害として認められるか

A　入院付添費は医師の指示や受傷の程度、年齢により必要があれば認められる。職業付添人分は実費全額、近親者付添人分は1日6500円が一つの基準とされる。

通院付添費は必要性が肯定される事案では1日3300円で認定されることが多い。

自宅付添費は症状の程度や付添いの必要性に応じて認められ、将来介護費が認定されるような重度後遺障害の場合、自宅付添費も認定される傾向にある。

［導入対話］

新保　先生、重度後遺障害の事案について質問させてください。

8歳の女児が事故に遭い、脳挫傷を負い事故直後は意識不明の重体でした。その後、回復し脳神経外科等に通院を続けていますが、後遺障害が残存しそうです。

入院中に母親が付き添ったとして、入院期間中の母親の休業損害相当額の付添費と退院後の自宅付添費の内払いを求められています。どのように対応したらよいでしょうか。

中堅　病院は完全看護体制でしょうか。

新保　そうです、ただ、弊社の医療担当が医師に調査したところ、入院当初は不穏状態があり医師が家族付添いをすすめたようです。なお、医療担当の調査によれば、少なくとも5級以上の高次脳機能障害が残存しそうだと医師は話しているようです。

中堅　なるほど、お伺いした事情からは確かに入院付添いの必要性は認められそうです。

付添日の確認をし、病院の駐車場等の領収書があれば提出してもらったほうがよいと思います。

新保　確かにそうですね、確認してみます。仮に入院付添いの必要性があった場合、母親の休業損害相当額まで認められるものでしょうか。赤い本では6500円が基準として示されていたと思います。

中堅　近親者の休業損害相当分の入院付添費が請求された場合でも、赤い本基準等一般的な金額を参考として付添費が算定されることが多いです。特に近年では入院中は完全看護体制の病院が一般的ですからね。

新保　なるほど。自宅付添費は、どのような場合に認められるのでしょうか。

中堅　病院を退院後に自宅付添いの必要性があるかは、後遺障害等級や被害者の生活状況、実際の介護の有無や内容によるところが大きいと考えます。

退院後の生活状況や付添内容については母親から聞き取りは行っていますか。

新保　高次脳機能障害が残りそうだという話のみで、具体的な生活状況や介護の内容は聞き取りができていません。

中堅　まずは、その点の聞き取りを行うことがよいと思います。

また、入院当初は日常生活に支障が生じていたとしても、リハビリテーション治療を継続することにより症状が改善するケースも多くみられますので、医療記録で経過や生活状況を確認することも重要です。

可能であれば、治療が終了してから訴外で画像を含めた医療記録の取り付けを行い、検討するのがよいと思いますが、本件では内払いを求められているのでしたよね。

新保　そうなんです。病院との往復の日々で生活も大変なようで……。

5級以上の高次脳機能障害が残存する可能性が高そうなので、内払いは可能とは思っているのですが。

中堅　そうですね、上述したとおり自宅付添費が認められるかどうかについては医療記録を入手したうえで判断することが重要であり、必要性の有無等が判断できない段階で損害費目を特定したうえで支払いをすることには慎重になるべきだと思います。たとえば、損害費目は明示せず、ほかに現在負担している費用なども聞いたうえで、50万円、100万円等、まとまった金額での内払いを提案するのはいかがでしょうか。内払いは過払いになってしまうこと、つまり損害総額に過失相殺をした金額から既払金等を控除した金額を超えることがないように注意する必要がありますが、おそらく本件では大丈夫そうですね。

新保　それがいいですね、ありがとうございます。相手方に提案してみます。

ちなみに自宅付添費はどのように算定されるのでしょうか。

中堅　自宅付添費は、病院を退院した後から症状固定日までの全期間について請求されることが多い印象です。計算方法としては「日額×期間」で計算するものから、実際にこの間に生じた介護費用の実費を請求されることもありますが、今回は母親が付添いをしているというお話なので、「日額×期間」で算定されると思います。

新保　ありがとうございます。また、治療が終了し自賠責保険の後遺障害認定が出ましたらあらためて相談させてください。

解　説

1　入院付添費

入院付添費について、赤い本では、「医師の指示または受傷の程度、被害者の年齢等により必要があれば職業付添人の部分には実費全額、近親者付添人は１日につき6500円が被害者本人の損害として認められる。但し、症状の程度により、また、被害者が幼児、児童である場合には、１割～３割の範囲で増額を考慮することがある」と述べられている（赤い本〔令和５年版〕上巻14頁）。

実務でも、入院付添いの必要性が認められる場合、入院付添いの事実がありかつその事実を立証できれば入院付添費用は損害として評価される。

この点、入院の必要性について、近年、病院では完全看護体制がとられている。もっとも、このことから直ちに入院付添いの必要性が否定されるものではなく、実際には病院が完全看護体制であっても、高齢者、年少者等の被害者の年齢や、傷害の内容・程度、医療機関側からの付添いの要請の有無等を検討し入院付添費を肯定した裁判例は多くある（神戸地判平成16年８月18日交民集37巻４号1072頁、金沢地判平成19年９月７日自保ジャーナル1777号18頁等）。

一方、医師に説明を受け手続をしただけのような場合は付添いとして評価できないと判断した裁判例も存在し（東京地判平成25年４月26日交民集46巻２号577頁）、この判断を踏襲するのならば、短時間のお見舞いや必要品の補充にとどまる場合は付添いとして評価しないという判断も考えられる。ただし、このような場合でも、付添いの必要性を認め、金額を上記赤い本基準よりも低額（１日につき1000円～2000円程度）と認定した裁判例も少なくない。

以上から、被害者から入院付添費を請求された場合には、まず付添日を確認し、それを裏付ける病院の駐車場代の領収書等の有無を把握するとともに、具体的な付添いの態様や付添時間の聞き取りをすることが望ましいと考える。

また、付添費の単価については、上記赤い本の基準を採用している裁判例が多いが、受傷の程度、被害者の年齢や付添いの状況（短時間にとどまるものか、長時間で負担が濃厚な介護を要するものか）等から、基準金額から増減しているケースも散見される。

その他、付添いの必要性の具体的な判断要素や、近親者の休業損害相当額を入院付添費用として請求された場合の考え方等については「入院付添費について」（家入美香・赤い本〔平成28年版〕下巻53頁以下）が参考になるため、参照いただきたい。

2　通院付添費

高次脳機能障害や脊髄損傷による四肢麻痺や下半身麻痺の重度後遺障害の事案や骨折後の関節障害等で日常生活動作や歩行が困難であり、単独での通院ができない場合等、通院付添いの必要性がある場合に認められる。

赤い本では1日3300円が基準とされており、実務上この金額で請求され裁判所もこの金額で認定することが多いが、症状の程度等によりその認定金額が増減することもある。

3　自宅付添費

自宅付添費とは、被害者の症状の内容や日常生活への支障の程度から介護や見守りの必要性がある場合に、その介護の労働分を金銭的に評価したものである。

自宅付添費も入院付添費と同様に、医師の指示や受傷の程度、年齢等から、自宅付添いの必要性がある場合に認められる。

もっとも、入院中よりも退院後は症状が改善していることが多いため、自宅付添費に要求される「付添いの必要性」の程度は入院付添費のそれよりも高くなると思われる。

この点、後遺障害等級1級、2級等の重度後遺障害や高次脳機能障害等の脳外傷後の後遺障害が残存する場合、あるいは両手や両足が固定具により固定されており日常生活がままならない場合等では、症状の程度にもよるが、自宅付添費が認められる傾向にある。

自宅付添費の金額は、「日額×退院後の症状固定日までの日数（または、症状が回復し自宅付添いの必要がなくなった時点までの日数）」、または実費で計算される。前者の場合、裁判例では将来介護費の日額と同じ金額を採用するものが散見されるが、将来介護費の日額よりも高い金額を認定した事案（たとえば、大阪地判平成14年８月29日交民集35巻４号1178頁）もみられる。

自宅付添費が生じる場面では、被害者は通院中であり症状改善の余地がある一方、将来介護費では被害者の症状はすでに固定されていることに鑑みると、自宅付添費のほうが介護の負担が重いケースも想定されると考える。

Q26　将来介護費はどのような場合に損害として認められるか

A　将来介護費は、被害者の後遺障害の内容や生活状況、実際の介護の有無、程度等に照らし介護の必要性がある場合に、上記の考慮要素を加味して、金額を算定する。別表第１の１級から２級の高次脳機能障害や脊髄損傷による下肢麻痺、別表第２の３級の高次脳機能障害の場合には将来介護費が認定される傾向にある。

介護の必要性が認められる場合、近親者が介護にあたっていれば特段の事情がなければ67歳に至るまでは近親者介護を前提に将来介護費を算定するが、それ以外の場合等では職業介護を前提に将来介護費が算定される。

［導入対話］

新保　先生、以前相談した、高次脳機能障害の８歳女児の件ですが、今般、後遺障害２級が認定されました。そのうえで母親による自宅介護を前提に将来介護費が請求されています。将来介護費を請求される事案が初めてなので、どのように対応したらよいか教えてください。

中堅　将来介護費については、後遺障害の等級や内容、程度、日常生活の自立度や実際の介護の内容等から後遺障害により将来的にも介護が継続して必要な場合に認められます。

自賠責の等級表別表１の１級および２級では介護が必要なことが前提になっていますので、これらの等級の場合は将来介護費が認められる傾向にあります。

新保　では今回のケースでも、将来介護費の発生は認められるということでしょうか。

中堅　もちろん、自賠責の等級認定は一つ参考になると思います。

ただ、高次脳機能障害は、被害者にどのような症状が残存しているか、被害者の日常生活自立度やコミュニケーション能力はどの程度かで後遺障害の等級の評価が変わってきますので、まずは、3級相当の高次脳機能障害が残存しているかを医療機関の画像や、カルテ、自賠責の判断資料によって検討する必要があります。

将来介護費が請求される事案では、賠償額自体も高額になるため、まず前提として後遺障害等級自体が自賠責の認定どおりで適切なのかを検討したほうがよいと思います。これらの資料は入手されていますか。

新保 画像とカルテは取り付け中です。自賠責の資料は病院か相手方の母親に確認してみます。2級の高次脳機能障害が相当と判断された場合、将来介護費の金額はどのように判断されるのでしょうか。

中堅 被害者の日常生活自立度、介護を行うのが近親者か職業介護人か、介護の内容や介護の必要性の程度（常時介護か随時介護か）によって異なります。医療記録からも把握できるとは思いますが、近親者に対して、症状固定後の被害者の日常生活の様子や介護の内容等の聞き取りを行ったほうがよいと思います。

新保 自賠責の資料とあわせて確認してみます。将来介護費はどのように算定するのでしょうか。

中堅 まず、症状固定時の被害者の平均余命までの年数を計算します。この平均余命は、赤い本巻末の資料に簡易生命表があるので、この症状固定時のものを参考にします。具体的には「1年間の介護費×平均余命の年数に対応するライプニッツ係数」で算定されます。

新保 将来介護費も逸失利益と同じく、将来的に発生するものを一時金の形で受領することになるため、中間利息を控除する必要があるということですね。

中堅 そのとおりです。

金額ですが、赤い本では職業付添人は実費全額、近親者付添人は日額8000円と記載されています。近親者付添人の場合は、赤い本と同じく、8000円と認定しているケースが多くみられますが、後遺障害等級や症状の内容、程度、実際に受けている介護サービスの内容・金額を考慮して、赤い本の基準と異なる基礎金額を算定しているケースも結構あります。先ほど生活状況や介護の内容を確認することが大切と申し上げたのは、この基礎金額を検討するためです。

新保　なるほど、そういうことだったのですね。

中堅　次に職業付添人の基礎金額は、実費で計算している裁判例も散見されますが、上記のような考慮要素を詳細に検討して、たとえば日額１万円というように実費と異なる金額を算定している例がみられます。

新保　裁判所が特に重視しているポイントは何かあるのでしょうか。

中堅　裁判所は、後遺障害等級のほか、高次脳機能障害等の脳機能の障害か、上肢の麻痺か、下肢の麻痺か、あるいはその両方かなど、後遺障害の内容や、それに伴って想定される介護の内容、および随時介護か常時介護かといった時間的な負担に重きをおいているように窺われます。高次脳機能障害では、少なくとも１級～３級では裁判所は将来介護費を認定する傾向にあります。もちろん、等級が高いものが低いものよりも高額になり、脳機能障害が他の障害と比べて高額になりやすい傾向はあります。

新保　高次脳機能障害等の場合だと、コミュニケーションが難しくなることも影響しているのでしょうか。

中堅　そうですね、意思疎通ができないと日常生活動作がかなり制限され、また重度の事案になると他者加害や自傷行為もみられるので、常時見守りの必要がある場合もあります。そうなると介護の負担も大きくなり、介護費が高額になりやすいですね。

なお、近親者介護が行われている場合、その介護者が67歳までは近親者介護を前提に算定し、68歳以降は職業人介護を前提に算定します。

新保　被害者が介護保険や障害者総合支援法の給付を受けている場合

は、被害者は１割や３割等の低い割合でしか介護費を支払っていないですよね。将来介護費の算定でも、この場合に自己負担分のみが損害であると主張することができないのでしょうか。

中堅　裁判例でもそのような計算をした事例もありますが、多くの事例では将来介護費は自己負担分のみではなく、介護保険適用部分も含めて計算されています。介護保険や障害者総合支援法の給付が今後も確実に継続するかは不明であるということが主たる理由のようです。

新保　なかなか難しいのですね。いろいろ教えていただきありがとうございます。まずは、医療記録等を入手し、被害者側に聞き取りを行いたいと思います。

解　説

1　将来介護費とは

将来介護費とは、被害者に介護が必要となる後遺障害が存する場合の症状固定後の付添費用である。

将来介護費について、赤い本では、「医師の指示または症状の程度により必要があれば被害者本人の損害として認める。職業付添人は実費全額、近親者付添人は１日につき8000円。但し、具体的看護状況により増減することがある」と述べられている（赤い本〔令和５年版〕上巻27頁）。

将来介護費は、基礎金額（通常は日額〇円×365日とされることが多い）×被害者の症状固定時の平均余命に対応するライプニッツ係数で算定される。

以下では、介護の必要性、介護期間、将来介護費の日額について個別に述べる。

2 介護の必要性

介護の必要性について、自賠責「後遺障害別等級表・労働能力喪失率」（赤い本資料参照）の別表１の１級および２級が介護を要する後遺障害とされており、別表１の１級および２級の場合、原則として将来介護の必要性は認められる。

もっとも、上記後遺障害以外でも裁判所は将来介護費の発生を認めている。

後遺障害等級３級以下の事案の介護の必要性については、「後遺障害等級３級以下の場合の将来介護費」（鈴木秀雄・赤い本〔令和２年版〕下巻７頁）が多くの裁判例を分析しており、実務上参考になる。

これによれば、高次脳機能障害については３級事案ではいずれも将来介護費が認定されているのに対し、「５級の事案では、日常生活を送る上で特に支障が大きくないと評価され、介護の必要性自体が乏しく、将来介護費が否定される場合も相当数あると考えられます」と解説されている。介護の必要性の考慮要素としては、「食事、排泄、入浴等の生命維持のための日常生活上の動作がどの程度自立しているか、危険の防止の必要性の有無、金銭管理ができるのか、通勤、通学が一人でできるのか」があげられている。

また、上下肢の欠損・機能障害等の事案では、「身体的動作の負担の軽減の度合いも踏まえ、ADL が自立していて、身体介護の必要性に乏しいとして将来介護費が否定される場合も相当数あると思います」と述べられている。

以上のように、別表１の１級および２級の場合には原則介護の必要性が肯定されるのに対し、３級以下の場合には、日常生活動作の自立度や介護の程度、自宅の改造等の介護の負担軽減措置の有無等、上記であげられている点を具体的に検討して介護の必要性を判断することが重要となる。

そして、これらの検討にあたっては、被害者本人や被害者家族からの生活状況の聞き取りはもちろん、医療記録の検討は必須であると思われる。

また、高次脳機能障害の場合は、神経系統の障害に関する医学的意見、頭部外傷後の意識障害についての所見、日常生活状況報告書等、自賠責がその判断にあたり収集する資料の内容の確認も重要である（詳細はQ22を参照されたい）。

なお、被害者本人が施設入所している場合には、施設の介護日誌や介護記録の検討も有用である。

将来介護費が発生する場合、賠償金の金額が高額になる傾向があり、将来介護の必要性の検討には客観的な資料に基づく慎重な判断が求められる。

3 介護期間

将来介護費の計算においては、ほぼ例外なく、症状固定時の年齢から平均余命までの年数に対応するライプニッツ係数が用いられる。

なお、交通事故後、被害者が別の要因で死亡した場合に、将来介護費の発生は認められるだろうか。

この点について、最高裁判所は、被害者が別の要因で死亡した場合、少なくとも死亡後に要した介護費用を損害として評価することはできないと判断した（最判平成11年12月20日民集53巻9号2038頁）。将来介護費は被害者において現実に支出すべき費用を補填するものであり、被害者が死亡すれば、その時点で介護は不必要となり、このような場合にまで加害者に将来介護費を負担させることは衡平の理念に反する旨を指摘している。

4 将来介護費の日額

(1) 介護付添人の性質

将来介護の必要性が認められたとしても、近親者付添人による介護で足りるものか、職業付添人による介護までが必要かを判断する必要がある。

この判断要素としては、介護が可能な近親者と同居しているか、後遺障害の内容や程度、介護の内容、付添にかかる時間（常時か随時か）等があげられる。

被害者が介護付き有料老人ホームで生活している場合や、施設に入所したり、ホームヘルパーを依頼している場合等では、現在の介護状況に鑑み、職業付添人による介護を前提に将来介護費が認定される傾向にある。

逆に、退院後に近親者付添人による介護を受けている場合には、近親者付添人による介護を前提に認定されることが多い。

ただし、実務上、近親者介護の場合には、近親者が67歳になるまでは近親者介護を前提に、それ以降は職業付添人による介護を前提に将来介護費が算定されることが一般的である。

(2)　後遺障害等級や内容による検討

赤い本では、職業付添人は実費全額、近親者付添人は１日につき8000円としつつ、「具体的看護状況により増減することがある」とされている。

実務においては、この赤い本の基準を参考としつつも、上記介護の必要性の判断要素と同じく、後遺障害の内容や日常生活への支障の程度、現在行われている介護の内容や、家屋の改造や車椅子などの介護軽減措置の有無等を考慮して、実費相当額ではなく定額を認定することが多く近親者介護の場合でも個別に判断されている。

この点、自賠責別表１の１級および２級に該当する事例では、他の後遺障害等級と比べて将来介護費が高額になる傾向にある。

その中でも特に高額になりやすいのが脳機能障害である。赤い本〔令和５年版〕上巻「第１積極損害・３．将来介護費」であげられている裁判例だけをみても、たとえば、遷延性意識障害の場合、近親者介護で6500円～１万5000円程度が、職業付添人介護で２万円～３万円程度が日額と認定されている。また、高次脳機能障害では近親者介護は１級の場合：5000円～１万円、２級：5000円～8000円、職業付添人介護では１級：１万円（近親者介護と併用）～３万円が、２級：１万2000円～１万8000円が認定されている（同書27頁以下）。

一方、後遺障害３級以下の事案について、鈴木・前掲講演録14頁では、３級事案は3000円～5000円、５級、７級事案では2000円～3000円が多いとされている（ただし、７級事案ではそもそも将来介護費の必要性が認定されることは多くはないとされる）。

⑶　介護保険給付、障害者総合支援法に基づく給付との関係

将来介護費が問題となる事案では、多くの場合では、被害者が介護保険給付または障害福祉サービスによる給付を受領している。

介護保険給付や障害者総合支援法による給付の概要については、Q7を参照いただきたい。

この点、これらの給付は、介護サービス費について受給者が負担する割合を定め、かつその上限を設けることによって、受給者の時短を軽減するものであるが、これらの給付を受けることができている部分について、「損害が発生しない」と主張することは可能だろうか。

名古屋地判平成26年12月26日交民集47巻６号1624頁では、特段理由を示すことなく、自己負担分のみを基準に将来介護費を算定しているが、多くの裁判例では介護保険給付分も含めた金額を前提に将来介護費を算定していると思われる。

介護保険給付あるいは障害者総合支援法による給付内容や水準は今後も継続するか不明である以上、損害が発生しないとは認められないことが主な理由としてあげられる（介護保険給付につき、大阪地判平成24年５月16日自保ジャーナル1883号20頁、障害者総合支援法による給付につき、東京地判平成28年９月６日自保ジャーナル1987号１頁）。また、被害者が第三者から将来介護費の給付を受けた場合、介護保険法21条２項により介護保険給付を受けることができなくなるため、被害者が重複して利益を得ることはない点を指摘するものもある（名古屋地判平成30年11月14日自保ジャーナル2039号121頁）。

なお、これらの裁判例でも、職業介護分の将来介護費につき口頭弁論終結前の日額は、被害者の介護保険給付・障害者総合支援法に基づく給付の自己負担額も参考に算定し、口頭弁論終結後は、現在受けている給付の全額を参考に算定している。

その他、将来介護費と介護保険給付等との関係については、「重度後遺障

害の将来介護費の算定に関する諸問題〜施設関係費用、介護保険給付の扱いを中心に」（齊藤恒久・赤い本〔令和３年版〕下巻59頁）が参考になる。

5　まとめ

以上のとおり、後遺障害の内容や等級によって、ある程度、目安となる金額の幅はあるものの、具体的な金額の判断にあたっては、介護の必要性の判断時と同じく、被害者や近親者への生活状況、介護状況の聞き取りや医療記録、介護記録等の検討は必須と思われる。

また、この点に加え、被害者が介護保険給付や障害者総合支援法による給付、労災の介護補償給付等を受けていないかの確認も行うべきである。

仮に、このような給付を被害者が受けていた場合、現実に行われているサービスの金額がどの程度であるかを把握することも重要であると思われる。

上述したとおり、将来介護費については、損害額が高額になる傾向があり、かつ判断要素も複雑であるため、将来介護費が問題となるような事案では、弁護士に相談のうえで対応を検討することが望ましい。

第 4 章

物件損害

Q27　車両損害の算定はどのように行うか。評価損が認められる要件は何か

A　物理的に修理不可能な場合には、全損として買替差額（被害車両の時価－被害車両の処分価格）と買替諸費用が損害と評価される。修理が可能でも、修理代金と、被害者車両の時価および買替諸費用の合計額を比較して、修理費が下回る場合（経済的全損）には同様に評価される。

修理が相当な場合には、修理費用相当額のほかに、評価損が認められる場合がある。評価損は修理をしても外観や機能の欠陥や事故歴により商品価値の下落が予想される場合に認められる。

［導入対話］

新保　課長、物損について質問させてください。車両の修理費で、修理見積書をみると本件事故で破損するとは思えない箇所の修理分が請求されているように思うのです。

課長　事故と無関係の損傷の修理分は損害に含まれないのは大前提だよね。どうして事故と無関係の損傷だと思ったの。

新保　右折×直進の事故での直進車の損傷なので、右折車との接触部分は右半面に限られるのではないかと思うのですが、左側の部品の修理まで修理見積書ではあげられていたので、不自然に思いました。

課長　事故状況はドライブレコーダー映像等で確認したの。

新保　まだ、当事者の話しか聞いておらず、ドライブレコーダー映像は確認していません。

課長　なるほど、修理箇所と損傷箇所に相違がないか修理見積書を丁寧にチェックすることはいいことだと思う。ただし、右折×直進の事故だからといって直進車の左側が損傷しないとは限らない。接触の衝撃で他の車両や電柱やガードレールなどに接触することも十分あり得るよね。まずは詳細な事故状況を確認してから見積書のチェッ

クを行ったほうがよいと思うよ。あと、アジャスターの人にも意見を聞いてね。

新保　確かにそうですね、どちらかの車両にドライブレコーダーがついていたかも含め、早急に確認します。

課長　ちなみに修理費が損害でいいんだよね。車両の時価は確認したかな。

新保　はい、中古車販売サイトで同一車種・年式・型のものを検索して出した平均価格を時価として評価し、修理費がこれを大きく下回るので、修理費が損害だと思います。

課長　なるほど。検討できてはいるね。ただ、今回は問題にならなそうだけれど、修理費と比較すべき車両全損の評価額は車両時価だけではなく、買替諸費用も含まれることに注意してね。

新保　そうでした。修理費が時価を下回る場合が多くて、その点が忘れがちになってしまっていました。仮に修理費が車両時価＋買替諸費用を上回る場合には、この車両時価＋買替諸費用が損害にあたるという理解であっていますか。

課長　買替諸費用が損害にあたるのはそのとおり。車両自体の損害については、正確には車両時価から当該車両を処分した金額を控除した金額（売却価格相当額）が損害にあたるよ。

新保　そうでした。ただ、実際にはあまり売却価格相当額を控除したことがないように思います。

課長　そうだね、この売却価格相当額、つまりはスクラップ代金だけど、賠償前にスクラップ代金を被害者が取得していれば、損害額から控除するけれど、賠償前にスクラップを売却していなければ、加害者側で主張する価額で売却できることを主張・立証しなければ、売却価格相当額が損害額から控除されないよ。また、実務上は全損の場合、加害者側の保険会社で被害車両を引き上げてしまうこともあるね。

新保　そういうことですね、勉強になります。そういえばこの件でもう一点質問させてください。この被害者から評価損も請求されているのですが、評価損はどのような場合に認められるのでしょうか。

課長　赤い本では、修理をしても外観や機能の欠陥や事故歴により商品価値の下落が予想される場合に認められると述べられているよ。実務上は初度登録からの期間、走行距離、損傷部位、車種等を念頭に、評価損が発生するかを検討することになる。

新保　何か目安になることはありますか。

課長　これまでの判例の傾向からは、外国車または国産人気車種で初度登録から５年（走行距離で６万キロ程度）以上、国産車では３年以上（走行距離で４万キロ程度）では評価損が認められにくい傾向にあるようだ。

新保　なるほど、車検証であらためて確認してみます。

課長　ちなみに被害車両はリース物件や残クレではないよね。

新保　はい、車検証で所有者は被害者本人でした。

課長　ならいいんだ。評価損は商品価値の下落分を損害として評価するものであり、商品価値を把握するのは所有者だから、リースの場合、その車両の所有者はリース会社になり、使用者には評価損は原則発生しないから注意してね。

新保　わかりました。次に評価損が請求された場合には注意してみておきます。

解　説

1　車両破損による損害の算定

(1)　修理費

交通事故で自動車が損壊した場合、物理的に修理が可能なときでかつ後述する経済的全損と評価されない場合には、修理費が損害として評価される。

損害にあたる修理費は、当該事故による修理として必要かつ相当なものに限られ、事故前から存在した破損箇所をあわせて修理した場合等の便乗修理や、板金で対応可能なものを交換で対応する等、従前より高価な部品を使用したり、修理を要しない部分に修理を加えた場合等の過剰修理の費用は損害とは認められない（蛭川明彦「改造車における修理費用及び車両価格の算定」赤い本〔平成17年版〕下巻153頁）。

では、便乗修理や過剰修理はどのように判断するのだろうか。

まずは、刑事記録、ドライブレコーダー映像等で事故状況との整合性を確認すべきである。単純な例をあげれば、追突事故で被害車両の前方には車両がいないのに、フロントバンパー等が修理項目に入っていれば、それは明らかに便乗修理であろう。

事故状況を確認することによって、その箇所に損傷が生じ得るかを確認することができる。ただし、車体の接触箇所ではなくとも、衝撃が波及して車両内部の部品に歪み等が生じることがあるため、接触箇所ではないからといって直ちに修理の相当性がないと判断するのは妥当ではない。

損害保険会社には、日本損害保険協会の試験に合格したアジャスター資格を有する従業員が在籍しているのが通常である。実務上はこのアジャスターが車両の損傷状態や事故状況から、修理見積書記載の損傷部位および作業内容（板金で足りるか交換が必要か）が本件事故と相当な修理か否かを確認することが多い。

(2)　経済的全損か否かの判断基準

物理的に修理が可能であったとしても、車両の時価および買替諸費用の金額（以下、「車両時価等」とする）を修理費が上回る場合、経済的全損と評価される。この場合、修理費ではなく、後述のとおり、買替差額＋買替諸費用が損害として評価される。なお、評価損が認められる場合には、修理費と評価損の合計額が車両時価等を上回る場合も経済的全損とされる（石井義規「全損事故における損害概念及び賠償車代位との関係」赤い本〔平成31年版〕下巻

11頁)。

経済的全損については、経済的全損であると主張する側で車両時価等を主張・立証する必要があるとされる。

車両時価は、「原則としてこれと同一の車種・年式・型、同程度の使用状態・走行距離等の自動車を中古市場において取得しうるに要する価額によって定めるべき」とされる（最判昭和49年4月15日民集28巻3号385頁)。

この点、オートガイド自動車価格月報（いわゆる「レッドブック」）や中古車価格ガイドブック（いわゆる「イエローブック」）を参考にすることもあるが、近時の傾向としては、これらに掲載されている金額は実際の市場価格よりもやや低額である場合が多い。

中古車販売サイトのホームページ等で、同種の車両の販売価格が相当数確認できる場合には、そこから市場価格を推定して時価が評価されることも多い。

この点、被害者側が中古車販売サイトのホームページで市場価格を主張してきた場合には、被害車両と同一条件のものか（仕様の異なるタイプの車両を含んでいないか、走行距離が被害車両と大きく異なっていないか等)、低額な販売価格の車両をあえて省いていないか等を、該当ホームページの内容を確認し、検討すべきであろう。

また、買替諸費用とは、車両を買い替えた場合の手続費用等の諸費用であって、後述する(3)イと基本的には同内容のものである。

(3)　全損の場合の損害

物理的に修理不能な場合および経済的全損の場合には、買替差額および買替諸費用が損害として評価される。以下具体的に述べる。

ア　買替差額

買替差額とは、事故時点の車両時価（消費税を含む）からその車両を処分した金額（売却価額相当額）との差額である。

この点、車両時価の評価方法は上記で述べたとおりである。また、「その車両を処分した金額」では、全損である以上は基本的にスクラップとしての取引が想定される。

この買替差額の評価方法について、石井・前掲講演録21頁によれば、

① 賠償以前にスクラップの売却代金を被害者が取得している場合には、原則としてその代金額が売却価額相当額として評価され、時価額から控除される

② 賠償以前にスクラップが売却されていなければ、加害者側でスクラップを売却できることおよびその売却価額を立証できなければ売却価額相当額が控除されることはない

とされる。もっとも、実務上は、全損の場合は、被害者に時価額全額を支払ったうえで、民法422条に基づき車両の引き上げを行うことが多いように思われ、この場合は車両時価がそのまま買替差額となる。

イ　買替諸費用（登録諸費用）

裁判例上、以下の費用等は買替諸費用として損害にあたると評価されている。

・登録手数料・車庫証明書手数料・納車費用・配車手数料のうち法定手数料および相当額のディーラー報酬部分
・登録手続代行費用
・車庫証明手続代行費用
・リサイクル費用
・預かりリサイクル預託金
・事故車両の自動車重量税の未経過部分（使用済み自動車の再資源化等に関する法律により適正に解体され、永久抹消登録されて還付されたものは除く）

一方、以下の費用は損害とは認められていない。

・事故車両の自賠責保険料
・新しく取得した車両の自動車税、自動車重量税、自賠責保険料

なお、詳細は、赤い本〔令和５年版〕上巻「第６物損・４．登録手続関係費用」を参照されたい。

2 評価損

(1) 評価損が認められる要件

修理を行ったとしても回復できない商品価値の下落を評価損という。

赤い本では「修理をしても外観や機能に欠陥が生じ、または事故歴により商品価値の下落が見込まれる場合に認められる」と述べられている（赤い本〔令和５年版〕上巻266頁）。

この評価損の要件については少々前のものになるが、「評価損をめぐる問題点」（影浦直人・赤い本〔平成14年版〕下巻295頁）が参考になる。

これによれば、「初度登録からの期間、走行距離、損傷部位（車両の機能や外観に顕在的又は潜在的な損傷が認められるか）、車種（人気、購入時の価格、中古車市場での通常価格）等を念頭に評価損が発生するか否かを検討すべき」とされている。

これらの要件の中で、裁判例上、とりわけ重視されているのが初度登録から事故日までの期間、および走行距離である。

影浦・前掲講演録295頁では、外国車または国産人気車種で初度登録から５年（走行距離で６万キロ程度）以上、国産車では３年以上（走行距離で４万キロ程度）では評価損が認められにくい傾向にあるとされている。

また、損傷の部位と程度については、影浦・前掲講演録では、機能上、外形上の損傷の可能性という要件が必ずしも必須の要件ではないとし、いわゆる「修復歴」にあたらなくても評価損は認められることがあるとしている。

修復歴の程度には至らない修理と一口にいっても、その程度は千差万別である。現実の中古車取引の場面を想定すると、たとえば軽微な追突事故によりリアバンパーを修理したような事例では、その事実を把握すること自体が、下取業者にとってもエンドユーザーにとってもほぼ不可能であり、こうした場合には下取価格への影響は想定できないであろう。

被害者から評価損を主張された場合には、初度登録や車種、走行距離を車検証で確認するとともに、同種の車両について中古車販売価格などを調べたうえ、裁判例等を参考にしながら、評価損の有無を判断することが適切である。

⑵ 評価損の算定

評価損の発生が認められる場合、実務上、「修理費の何パーセント」という形で損害額を算定していることが多い。

そのパーセンテージについては、事案によるばらつきが大きいが、おおむね10〜30％の範囲がボリュームゾーンではないかと考えられる。

⑶ 所有権留保の場合

被害車両の保有者と使用者が異なるケースがある。特に近年は、残価設定型クレジット（いわゆる「残クレ」）という、数年後の買取保証額を残価として設定し、車両価格から残価を除いた残りの金額を支払う方法による販売が増えているといわれている。この場合、車両の所有権者は自動車販売店もしくは信販会社となる。

評価損は車両の交換価値の低下を損害と評価する概念である。交換価値を把握しているのはあくまで所有者であるから、所有権留保の車両に評価損が発生するとすれば、その帰属主体は車両の使用者ではなく、自動車販売店もしくは信販会社となるのが大原則である。よって、評価損を検討する前に必ず車検証等で所有者を確認する必要がある。

なお、所有者と使用者の間で評価損を使用者に帰属させる旨の合意があれば、使用者に評価損を認めることが可能であると考えられており、実務的には所有者が作成したそのような趣旨の念書等が証拠として提出されることがある。

その他、車両の所有者でない者からの賠償請求については、「物損（所有者でない者からの損害賠償請求）について」（川原田貴弘・赤い本〔平成29年版〕下巻55頁）が非常に参考になり、必読といえる。

Q28 車両以外の物的損害の算定はどのように行うか、物に対する慰謝料は認められるか

A 交通事故と物の破損の相当因果関係が認められれば、車両以外の物的損害も賠償の対象となる。

修理可能なものは経済的全損にならない限り修理で対応するが、時価での賠償となる場合が多い。客観的な資料で事故時の市場価格がある物はそれを時価として評価することが多いが、それ以外の場合は購入時期および購入金額を明らかにしたうえで、減価償却を行い事故時の時価を評価する。物に対する慰謝料は原則認められないが、ペット等、被害物件が被害者にとって特別の主観的・精神的価値を有する場合等、一定のケースでは慰謝料が認められることがある。

[導入対話]

新保　課長、教えてください。自動車×歩行者の事故で被害者から事故時に携帯していたiPhoneやバッグが破損したとしてその賠償を請求されています。また、事故の時に犬の散歩中だったようで、被害者の飼い犬が事故に巻き込まれて死亡しており、その慰謝料を請求されています。これらも賠償の対象となりますか。

課長　まず、iPhoneやバッグについては、事故時に携帯していて事故によって破損したと認められれば賠償の対象となるよ。破損状態は確認したかな。

新保　写真を入手しています。契約者に確認したところ、被害者の携帯は機種はわからないけれどiPhoneだとのことでした。バッグも転倒した時についたと思われる擦過痕があり、一部破けていました。この場合、損害はどのように算定するのでしょうか。

課長　修理可能なものは修理費が時価を上回らない限り修理するけれど、実際は時価で評価して賠償をすることが多いかな。

客観的な資料で市場価格を把握できるのならそれを時価として評

価するし、市場価格が把握できない場合は、購入時期や購入金額を明らかにして減価償却を行い、事故時の時価を把握するようにするよ。バッグは難しいだろうけれど、iPhone ならある程度中古の取引相場がわかるだろうね。まずは、購入金額や購入日のわかる領収書やカード明細、ネットの注文履歴等を出してもらうことがよいと思う。

新保　確認してみます。ペットについてはどのように考えればよいでしょうか。実務上はペットは物として取り扱うと聞いています。赤い本では物に関連する慰謝料は原則認められないとされていますね。

課長　そうだね。ただ、ペットの場合は異なる判断がされることがある。裁判例でもペットが負った傷害や後遺障害の内容、家族が介護を行っている場合は、その内容、飼育年数、飼い主の家族構成を含めた飼育環境、ペット自体の財産的価値（血統書付きかどうか等）等を勘案し、慰謝料を認めるケースも散見されるよ。

新保　最近はペットも家族として接する人が増えていることも影響しているような気がします。金額的にはどの程度でしょうか。

課長　う～ん、昔は数万円程度だったけれど、近年は10万円～20万円程度で認定される例も少なくはないよ。これを超える金額が認められるケースもあるようだ。

新保　なるほど。まずはペットについて、傷害の内容や後遺障害が残存する可能性、飼育年数や飼育環境、血統書の有無等を確認してみます。

解　説

1　車両以外の物損の算定方法

(1)　衣服や携行品の破損状況を撮影する

交通事故の事案では、しばしば着衣や携行品の損害を請求される。

この場合、まず「事故時に身に着けていた物か否か」が問題になることが多い。

事故直後は、けがの有無や警察への対応等に追われ、物損についてはもっぱら車両自体の損傷に目が向くため、当事者間でも衣服や携行品に注目することがないことが一つの原因であると思われる。

事故後、数日等が経過して被害者から衣服や携行品の破損した旨の連絡がなされた場合、まず損害保険の担当者としては被害者が破損したと主張する物の損傷状況を撮影してもらい、その写真を入手する。そのうえで、被害車両のドライブレコーダー映像の車内映像がある場合には、その映像や契約者からの聞き取りで事故時の相手の服装や携行品を可能な限り確認することが望ましいと考える。

(2)　衣服や携行品が事故によって破損したと認められる場合

携行品等が事故によって破損したと認められる場合、どのように損害を算定するか。

この点、携行品等についても車両損害と同様に、修理費と時価を比較して修理費＜時価の場合には修理を実施し、修理費＞時価の場合には経済的全損として時価での賠償を行うのが原則であるが、損害保険会社などでは携行品については時価での賠償を行うことが多い。

この時価を把握するうえで、破損した物の種類、購入時期および購入代金を把握する必要がある。損害保険会社では被害者から携行品の破損の連絡を受けた場合、所持品一覧表の作成を被害者に依頼していることが多いが、一覧表で記載された購入時期や購入代金の裏付け資料を求めないまま、機械的に処理をする場合もみられる。

少額であればそのような処理にも一定の合理性があると思われるが、本来、損害の発生および金額の立証責任は被害者にあるため、その点を丁寧に説明したうえで、領収書やクレジットカードの支払明細、インターネット注文の履歴等の裏付け資料を求めることが適切であると考える。

破損物の種類、購入時期、購入代金を把握することができた場合、客観的な資料で事故時の市場価格を把握できる物はそれを時価として評価することが多いが、把握できない物は減価償却を行い、事故時の時価を評価することになる。この減価償却については、定率法または定額法による減価償却率に基づき、購入から事故日までの既経過年数に該当する残存率を示した償却残存率を購入費用に乗じることで時価を算定する。

なお、近年ペットが被害に遭い治療費を請求されることがある。ペットも基本的には物として評価し、治療費も、修理費と同様、時価相当額を念頭においたうえで、どの程度が社会通念上相当と認められるかを判断する。ただし、名古屋高判平成20年９月30日交民集41巻５号1186頁等、時価相当額を超える治療費を認める裁判例もあり、時価との比較で形式的に治療費の金額などを判断することができない場合もあり、この点でもペットは他の物損とは異なる扱いをする余地を裁判所は認めていることが窺われる。

2　物損に対する慰謝料

物損に関連する慰謝料について、赤い本では「原則として、認められない」と述べられている（赤い本〔令和５年版〕上巻285頁）。

この点については、やや古い文献にはなるが、「物損に関連する慰謝料」（浅岡千香子・赤い本〔平成20年版〕下巻41頁）が参考になる。これによれば、物損事故の場合、一般的には財産上の損害が賠償されることにより、同時に精神的苦痛も慰謝されると考えられており、財産上の損害賠償に加え別途、慰謝料が認められることにはならないとされている。自動車が被害物件である場合に、愛着があるなどとして慰謝料が請求されることもあるが、認められることは極めて稀であるとも指摘されている。

もっとも、同講演録では例外的に慰謝料が認められ得る場合をあげており、その一つとして「被害物件が被害者にとって特別の主観的・精神的価値を有する場合」をあげる。

これにあてはまるのが可愛がっていたペット、代替性のない芸術品などである。

この点、ペットについては、裁判所はペットが負った傷害や後遺障害の内容、家族が介護を行っている場合はその内容、飼育年数、飼い主の家族構成を含めた飼育環境、ペット自体の財産的価値等を考慮したうえで、慰謝料を判断している（肯定例として前掲名古屋高判平成20年９月30日、大阪地判平成27年２月６日判例集未登載、否定例として大阪地判平成27年８月25日交民集48巻４号990頁）。

近年のペットに対する愛着の高まりから、［導入対話］で課長が指摘しているとおり、従前と比べてペットに関連する慰謝料は、やや増額傾向にあると考えられることに注意が必要である。

Q29　代車費用が損害として認められるのはどのような場合か

A

①現実に代車を使用したこと、②代車使用の必要性があること、③代車の車種・グレード、単価が相当なものであること、④代車の使用期間が修理または買い替えのために必要な期間であったことが立証できる場合に、代車の必要性、相当性が肯定され、代車費用は交通事故と相当因果関係のある損害と認められる。

①〜④の有無を判断するためには、事故車の使用目的や使用状況を詳細に聞き取ったうえで、適宜、他の車両の有無、被害者の職業や住所、通勤・通学の手段等についても確認することが重要である。

［導入対話］

新保　担当している事故で相手方の車が修理が必要な状態になり、その間の代車費用を請求してきています。この相手方の車というのがポルシェなのですが、相手方は営業にこのポルシェを用いていたので、同じポルシェの代車を要求してきており、対応に困っています。営業車なので、代車費用は発生すると思うのですが……。

課長　う〜ん、まずどのような場合に代車費用が損害として認められるのかな。

新保　①代車を使用していること、②代車使用の必要性があること、③代車の車種・グレード・単価が相当なものであること、④代車期間が修理や買い替えのために必要な期間であったことです。今回、ポルシェの代車の請求書が送付されてきており、現に代車を使用していることに間違いはなさそうです。また、営業車であるので、代車の必要性は認められると思います。ただ、代車もポルシェである必要があるのか疑問です。また、修理の範囲に争いがあり、事故から２か月が経過した現時点でも修理が実施されていません。この間の代車費用も請求してきており、主に③と④が問題になると思います。

課長　なるほど、まず①については、君の判断のとおり、請求書があるなら信用性を疑う事情がある場合を除いて要件を満たすと考えてよいと思う。一方で、見積書のみの場合は実際に代車が使用されたのか不明だから、請求書を出してもらうほうがいいよね。あと、事故直後で、会社の車に従業員が乗っていて事故に遭った場合で車種が一般車であれば、暫定的に見積書で代車費用の支払いを検討することが多いと思う。

②について、相手方が営業車だと言っているだけで認めるのは危険だよね。特にポルシェは一般的に高級車であり、かつ趣味性の高い車であって、営業に用いられることはあまりない印象がある。被害者の職業や住所、事故車以外に保有している車両の有無、通勤手段、営業車がポルシェである必要性についての具体的な事情などを聞き取りしたうえで、特に②は慎重に判断したほうがいいよ。車検証の記録から走行距離を確認すれば、日常的に使用していない車であることがわかる場合も多い。

新保　確かにそうですよね。気をつけます。

課長　③について、金額は日額いくらで請求しているの。

新保　日額は８万円です。

課長　かなり高額だね。実際の裁判例では、事故車と同一車種または同一グレードの車両の代車費用が日額３万円を超えるような場合は、請求額と同額単価を認めたものはほぼない。また、仮に高額な代車を使用する必要性が否定された場合、１日あたり１万5000円から２万円の幅で認定される事案が多いようだ。

④については、裁判実務上は、修理についてはおおむね２週間、買い替えの場合は買い替えの必要が判明してからおおむね１か月とされているよ。

よって、まずは相手方に使用状況や、前述の職業や住所などの追加の情報の聞き取りをしたうえで、代車の必要性があると判断する場合には、上記裁判実務の考えを基に代車単価や代車期間について交渉を行うのが望ましいと思う。

新保　ありがとうございます。

解　説

1 代車費用の要件

代車費用が損害として認められるためには、①現実に代車を使用したこと、②代車使用の必要性があること、③代車の車種・グレード、単価が相当なものであること、④代車の使用期間が修理または買い替えのために必要な期間であったことを立証する必要がある。

以下ではこの①から④の要件について個別に検討する。

(1) 代車使用の事実（①）

代車費用は代車を使用したことによる実損であるため、原則として実際に代車を使用した場合に初めて代車費用が損害となる。

この点、事故車の修理が未実施の場合に、将来修理をした際に発生する代車費用（以下、「将来代車費用」という）が損害として認められるかについて、将来訴訟で証拠とするために事故車を未修理のまま残す必要性を考慮して、将来的には修理の蓋然性が高いとして将来代車費用を認めた裁判例も存在する（横浜地判平成24年10月29日自保ジャーナル1887号140頁、大阪地判平成29年12月13日判例集未登載）。

しかし、このような裁判例に対して、東京地方裁判所の交通部の裁判官は、「事故車の損傷状況を証拠として残す方法は写真や報告書などほかの方法も考えられることから、事故車を現存させておく以外に適当な方法がないなど、必要性が肯定される場面はかなり限定される」旨を述べている（今村あゆみ「代車費用に関する諸問題（①将来の代車費用、②相当な代車費用の範囲等）」赤い本〔令和4年版〕下巻53頁以下）。

また、「今後代車を使用する高度の蓋然性及び代車費用が発生する高度の蓋然性が認められる場合には、代車使用の事実がある場合と同視することができるとして、将来の代車費用を肯定する余地がないとはいえませんが、実際には、事故後相当期間が経過しても現実に支出していない費用であることから、高度の蓋然性が認められるような場合はかなり限定される」とし、将来代車費用には慎重な立場を示している。

なお、実際には代車を使用しなかったり代車費用の負担がなかった場合に、有料使用していたと仮定した場合の損害を請求されるケースもあるが、裁判所がこのような事案で損害を明確に認定した事案は見当たらず、代車使用の事実は厳格に判断されていると窺われる。

⑵　代車の必要性（②）

ア　営業用車両

事故によって営業用車両が修理が必要な状態や全損状態になった場合、実務上は原則として代車の必要性は認められている。

しかし、［導入対話］のように、車種からすれば趣味性が強い車両を営業用だとして代車費用を請求される場合がある。

主にレジャーや趣味のために使用されている車両の場合、基本的に代車費用の必要性は認められないことから、このような車両の代車の必要性を判断するにあたっては、請求者の言い分を鵜呑みにするのではなく、使用目的や使用頻度、保管状況を含めた使用状況、請求者の職業、職場の場所、住所、事故車以外に保有している車両の有無、通勤・通学の手段等を詳細に聴取したうえで、代車の必要性を慎重に判断すべきである。

イ　自家用車

自家用車は、通勤・通学に用いられる場合には代車の必要性が肯定される一方、レジャーや趣味に用いられていた場合は原則として代車の必要性は否定される傾向がある。

また、代替車両や代替交通機関が存在する場合、この事情のみから代車の必要性が直ちに否定されるものでないが、使用状況や使用目的に照らして代替交通機関の使用が相当であると認められる場合には代車の必要性は否定されることが一般的である。

(3) 代車の種類および単価の相当性（③）

代車の必要性が肯定される場合、実務上、代車費用の単価としては事故車と同種、同年式など同程度のものが認められる傾向にあるとされている（今村・前掲講演録58頁）。

しかし、高級外車の場合、［導入対話］の課長が指摘するとおり、3万円を超える単価で代車費用を請求している事案では、請求単価をそのまま認定した裁判例は見当たらない。

裁判所は、代車費用は修理などのために生じた比較的短期間の利用権の侵害に対する応急的措置の性質を有するものとしたうえで、損害の公平な分担という観点から「事故車の使用目的や使用状況等を考慮したうえで、事故車に相応する車両の代車費用に限り相当因果関係のある損害として認めるのが相当である」としている（今村・前掲講演録59頁）。

外国高級車の代車費用が請求された事案では、使用状況や使用目的を詳細に検討し、外国高級車を代車として使用する必要性を否定する裁判例も多くみられる。

外国高級車を使用する必要がない場合でも、国産高級車の限度で代車費用を認めた裁判例は存在するが（東京地判平成2年2月8日交民集23巻1号122頁、東京地判平成元年7月11日交民集22巻4号825頁、名古屋地判平成29年9月15日交民集50巻5号1191頁）、一般的な国産車のグレードで足りるとした裁判例もみられる（名古屋地判平成27年5月18日自保ジャーナル1955号64頁）。

なお、外国高級車等高額な代車を使用する必要性を否定された場合、代車費用の単価としては1万5000円から2万円程度と判断している裁判例が多い（今村・前掲講演録61頁）。

(4) 代車期間の相当性（④）

代車は修理や車両の買い替えのために用いるものである以上、代車の使用期間は、修理や買い替えに客観的に必要な範囲とされており、裁判実務上、修理はおおむね2週間、買い替えはおおむね1か月程度と認定されることが多い（今村・前掲講演録54頁）。

ただし、保険会社の担当者が合理的な損害賠償額の算定方法について、十分かつ丁寧な説明をして被害者の理解が得られるような真摯な努力を尽くすために必要な交渉期間や、保険会社の担当者の説明が不十分であったために被害者側が車両の修理又は買い替えに着手することができなかった期間については、代車費用を加害者側が負担すべき場合もある（来司直美「代車使用の認められる相当期間」赤い本〔平成12年版〕下巻344頁以下）。

なお、事故車両が自走可能であり、法令上も公道を走行するのに問題がないにもかかわらず、事故から修理完了まで、部品の取り寄せなどに要した期間も含めた長期間にわたって代車費用を請求されるケースがある。しかし、このような場合、部品が揃って修理に着工できる段階までは、従前どおり車両を使用できるのが通常であろうから、修理着工までの期間についての代車の必要性は消極的に解するべきであろう。

2　事故直後に代車費用を支払うかの判断基準

事故直後の時点で、被害者から代車費用を求められる場合がある。このような場合でも、上述した代車費用が損害として認められる要件を念頭において、事故車の使用目的や使用状況について詳細に聞き取りを行う必要がある。

たとえば、車検証等で事故車が会社の所有であることが確認でき、従業員が乗車して事故に遭っており、事故車、代車がともに一般車である場合や、住所が交通の便が悪い地域であり、自家用車であっても通勤中の事故で他に車両を保有していないことが明らかな場合で、事故車・代車がともに一般車である場合などは、単価が常識的な範囲であれば、暫定的に代車費用の支払いをしても問題ないことが多いと考えられる。

Q30　休車損が認められる要件やその算定方法は

A　休車損が認められる要件としては、①事故車を使用する必要性があること、②代車を容易に調達することができないこと、③遊休車が存在しないことがあげられる。

［導入対話］

新保　契約者がトラックに接触した事故で、トラックを所有していた運送業者から休車損を請求されています。赤い本をみたところ、「営業車（緑ナンバー等）の場合には、相当なる買替期間中若しくは修理期間中、認められる」と述べられているので、この場合も認められるのでしょうか。研修で習ったことと違う気がして混乱しています。

課長　赤い本の記載も営業車ならすべて休車損が認められるということを述べているものではないよ。休車損が認められる要件をおさらいしてみようか。

新保　①事故車を使用する必要性があること、②代車を容易に調達することができないこと、③遊休車が存在しないことです。

課長　そのとおり。まず、①について、事故で事故車を使用できなくなったとしても、事故後使用しなくてもよい状況にあったときは損害の発生を認める必要性はないよね。

　②については、代車が調達できる場合、代車の必要性が認められれば代車費用が損害になり、休車損の問題にはならないよね。

新保　営業車なら替えがきかないことが多いから休車損の問題になるのですね。

課長　そうだね、だから赤い本では緑ナンバーの車両をあげて休車損の議論をしているよ。

　問題は③遊休車の不存在だ。遊休車の不存在とは、どういう意味かわかるかな。

新保　事故車の代わりに使用できる車のないことです。請求する側がこの点を立証しなければなりません。

課長　そのとおりだ。だから、運送事業実績報告書や、運行日報、点呼記録簿等、客観的に遊休車の有無を検討できる資料があるかが問題になる。

新保　わかりました。ひとまず、これらの資料を取り付けたいと思います。仮に休車損の要件をすべて満たす場合、期間はどの程度認められるものですか。

課長　修理や買い替えに通常必要な期間は認められるよ。基本的に代車費用の代車期間と同様の考えで問題ないと思う。

新保　損害はどのように算定されるのでしょうか。

課長　基本的に「１日あたりの営業収入－経費」×休車期間（休車日数）で算定されるよ。「営業収入×利益率×休車期間」という説明の仕方もできるけれど、実質的には同じことだ。１日あたりの営業収入や経費、利益率は、事故前の実績を基礎に算定することになる。

　相手方がどれくらいの金額を主張しているのかは不明だけれど、営業収入や経費等は決算書や損益明細表、輸送実績報告書等で確認することが必須だね。

新保　相手方はまだ具体的な金額を提示してきていない段階です。決算書等をみたことがないためきちんと検討ができるか不安です。

課長　休車損は物損の中でも複雑な部類のものだから、慣れないうちは先輩の担当者や弁護士に確認しながら進めたほうがよいと思うよ。

新保　そうします。まずは遊休車の有無を確認します。またあらためて相談させてください。

解　説

1 休車損が認められる要件

休車損が認められる要件は、①事故車を使用する必要性があること、②代車を容易に調達することができないこと、③遊休車が存在しないことである。①②は、［導入対話］のとおりであるため、以下では主に③について述べる。

遊休車を保有している場合には、被害者にも信義則上の被害拡大防止義務があり、遊休車を活用することによって事故車を運行していれば得られるであろう利益を確保すべきであると考えられ、「保有車をできる限り稼働させていたこと」が認められる場合に遊休車の不存在が充足されるとされる。

そうすると、①被害車両に代わり得る内部車両がない場合のほか、②代わり得る内部車両があっても、実際に代替させることが困難な場合にも、この要件を満たすとされる（千葉健一「特殊車両の休車損害など」赤い本〔令和５年版〕下巻115頁）。

遊休車の不存在は休車損の発生を主張する側が立証責任を負うところ、たとえば冷凍車等の特殊車両で所有者が１台しか保有していない車であれば、遊休車の不存在は容易に立証できる。なお、タクシーや貨物自動車等でも、個人タクシーや赤帽等であれば被害者は営業車を１台しか保有していないのが通常であろう。

一方、事故車両の保有者が相当数の車両と運転手を有する事業者である場合、遊休車の有無が大きな争点になるケースが多い。

その判断の考慮要素については、上記「特殊車両の休業損害など」（前掲講演録・115頁）が参考になる。これによれば、遊休車の有無の判断は、「実働率や保有台数と運転手の数との関係、運転手の勤務体制、営業所の配置及び配車数、仕事の受注体制等を総合考慮して、個別・具体的にする」とされている。

この立証にあたっては、運送事業実績報告書や、運行日報、点呼記録簿等の内容を用い、実働率を含め上記の点を確認すべきであろう。

なお、私見としては、事故車がタクシーや貨物自動車の場合、遊休車の不存在を立証することは、かなりハードルが高い印象である。

損害保険会社の担当者としては、被害者側の事業規模が大きい場合には、遊休車の不存在を示す客観的な証拠が被害者側から提出されない限り、休車損の発生は認められないという姿勢で対応にあたるのが適切と考える。

2　休車損害の計算方法

休車損害は「1日あたりの営業収入－経費」×休車期間（休車日数）または「1日あたりの営業収入×利益率」×休車期間（休車日数）で算定される。

(1)　基礎日額（「1日あたりの営業収入－経費」または「1日あたりの営業収入×利益率」）

［導入対話］で課長が述べているとおり、基本的には事故3か月前の実績を基準に算定するが、これを認定する適切な証拠がない場合や、売上高に季節的な変動が見込まれる蓋然性が高い場合は、事故直前の決算期の決算書などを用いて、1年間の売上高を検討したうえで適宜修正するのが合理的とされることもある。

ここでの「経費」とは、事故車両を運行できなかったことで支出を免れた変動費であり、燃料費、修繕費、有料道路通行料、人件費のうち乗務手当等などがあてはまる。一方、車両の減価償却費や自動車保険料、駐車場使用料、乗務員の固定給などの固定費は含まれない。

この点、保有台数が少なく、事故車1台あたりの営業収入や経費を把握できる場合は差し支えないが、会社で何台も車両を保有している場合等では、会社の運送収入から当該車両の1日あたりの営業収入や経費を算出することになる。

以下、具体例をあげる。

事故車を保有する会社の事故前3か月（92日）の営業収入が2億円、保有台数が50台、利益率が20%の場合は、以下のとおり、8696円と算定される。

（計算式）200,000,000円÷92日÷50台＝43,478円

43,478円×20%＝8,696円

※利益率＝100%－（変動費÷営業収入×100）%で算定される。

なお、この休車損の証明にあたり、しばしば被害者自らが作成した「休車損害計算書」が提出されることがある。しかし、その算定方法やその基礎となる算定資料が不明であり、これのみで休車損害の金額を認定することは避けるべきである。

このような書類が被害者側から提出された場合には、損害保険会社の担当者としては被害者の決算書のほか、損益明細表や輸送実績報告書等の官公庁に提出される書類で、被害者の主張する休車損害の妥当性を確認すべきである。決算書の見方に自信がもてない場合は、経験豊富なスタッフや弁護士への相談も検討すべきであろう。

⑵　休車期間

休車期間は、修理または買い替えが必要な期間であり、基本的には代車期間と同様に、修理期間としては２週間程度が、買い替え期間としては１か月程度が一つの基準となる。

ただし、この期間は遊休車が存在しないことが前提であり、仮に上記期間中に遊休車が存在する日があれば、その日は除いて休車日数を計算しなければならない。

また、貨物車やタクシー等のように事業に用いるための登録が別途必要になる車両は、その登録に必要な期間も休車損の対象になり得る。

休車期間を判断するにあたっては、事故後の修理や買い替えの具体的な進捗状況（修理工場に納車した日や修理期間、登録の手続期間等）を把握することが重要である。

第 5 章

その他の対応

Q31　人身傷害補償保険金を先行払いした後、加害者側に求償請求すべきなのはどのようなケースか。逆に加害者側の立場で人傷社から求償請求を受けた場合、どこに注意すべきか

A　加害者側の過失が大きいケース、人傷支払額が高額なケースでは求償が可能なことが多い。ただし、人傷基準で算定したほうが損害が大きくなる場合があることや、自賠責の取扱いに注意が必要である。

［導入対話］

課長　先生、人身傷害補償保険の求償事案について教えてください。以前は求償の専門部署で取り扱っていたのですが、今後は一部を当課で扱うようになったのです。

「訴訟基準差額説」で求償の計算をするというのはわかるのですが、いざ計算してみると毎回混乱してしまって、自賠責保険金を回収していいのかどうかも悩んでいたりして、課の者がみんな困っている状況です。

中堅　わかりますよ。最高裁判例の言い回しもわかりづらいですし、文献も学説の解説が多いですからね。計算式を覚える前に、理解しやくするポイントは3つだと思います。

① 人傷保険の有無を問わず、加害者の賠償義務（損害総額×過失割合－損益相殺）は変わらないこと

② 過失割合を問わず、損害総額に至るまでは被害者が優先すること

③ 被害者が加害者からの賠償金と人傷保険金をすべて受領すると損害総額を超えてしまう場合に限り、損害総額を超過する分を人傷保険会社が取得すること

課長　なるほど。①は加害者側の立場でみれば当然ですよね。②③も、人傷保険は契約者に過失があっても十分な補償を得られるようにす

るための保険ですが、逆にいわゆる「事故太り」はできないということで、人傷保険金と賠償をプラスして損害総額に至るまでは被害者優先、残りが保険会社の取得分ということですね。

中堅　そのとおりです。求償額の計算式ですが、シンプルにいうとこうなります。

人傷保険金支払額－(裁判基準損害総額×被害者過失割合)

あとはこの式を使って、具体的なケースを想定して計算問題を解いてみたほうがよいと思います。ちょっと練習問題を持ってきましたので、やってみましょう。

練習問題

ケース①～③の場合、人傷保険会社が代位取得する債権額はいくらか。

〈例題〉
損害総額（裁判基準）…10000万円
過失割合（加害者：被害者）…８：２
支払人傷保険金…5000万円
答え　5000－(10000×0.2)＝3000

〈ケース①〉
損害総額（裁判基準）…10000万円
過失割合（加害者：被害者）…６：４
支払人傷保険金…5000万円

〈ケース②〉
損害総額（裁判基準）…10000万円
過失割合（加害者：被害者）…８：２
支払人傷保険金…3000万円

〈ケース③〉
損害総額（裁判基準）…15000万円
過失割合（加害者：被害者）…８：２
支払人傷保険金…5000万円

課長　学生時代みたいですね！　数学は大の苦手でしたが頑張ります。

ケース①は、5000－(10000×0.4)＝1000万円
ケース②は、3000－(10000×0.2)＝1000万円
ケース③は、5000－(15000×0.2)＝2000万円

中堅　大正解です。例題とケース①～③のそれぞれを比べてみると、以下の法則がわかります。

Ａ　被害者の過失割合が小さいほど、代位取得額は大きくなる（例題×ケース①）

Ｂ　支払人傷保険金の額が大きいほど、代位取得額は大きくなる（例題×ケース②）

Ｃ　損害総額が大きいほど、代位取得額は小さくなる（例題×ケース③）

課長　なるほど。これが求償できる事案かどうかを考える際のポイントなのですね。ＡとＢは、被害者の過失が小さい事案、人傷でたくさん支払った事案ということで、求償できるだろうなというのはわかるのですが、Ｃは何か意外な感じがしますね。

中堅　そうですよね。例題とケース③の比較のように、人傷社が払った金額が同じ場合、訴訟で損害総額が大きく認定されると、被害者に

とって人傷保険だけでは不足する部分、つまり加害者が払うべき金額のうち被害者が取得する部分が多くなるので、人傷社に回る部分は小さくなるわけです。

課長　そうすると、人傷社と被害者が一緒に訴訟を起こすことがありますが、実は人傷社にとっては損害額が少なく認定されたほうが求償額は増えるのですね。

中堅　そうなんです。だから同じ弁護士が被害者と人傷社の双方を代理すると、一種の利益相反状態になるわけです。ただ、契約者さん優先というのが人傷保険の大原則ですから、保険会社にその点をご認識いただいて、損害総額も最大限認定されるように訴訟活動をするのが通常だと思います。一方、損害総額について契約者と人傷社の間で見解の相違がある事案ならば、別々に代理人を立てていただいたほうがよいでしょう。

課長　わかりました。ところで、過失相殺が絡むから計算が難しくなるわけで、契約者さんの過失が100%だったら、当然求償請求もできないですよね。

中堅　そのとおりですね。

課長　逆に相手の過失が100%の事故で、相手が無保険だったりして人傷社が先行払いすることがありますが、この場合は常に全額求償可能ですよね。

中堅　必ずしもそうとはいえないですね。「裁判基準差額説」ですから、損害は裁判基準で計算するので、人傷社の支払いよりも裁判基準の損害が小さければ、回収できるのは裁判基準の金額までになります。

課長　でも、慰謝料は裁判基準のほうが人傷基準より高いですし、その他の損害はどちらも実損ベースになるので、常に人傷基準＜裁判基準になりませんか。

中堅　まず、損害に関する事実認定の部分で加害者側が争ったとき、裁判所が人傷社と同じ認定をするとは限らないですよね。人傷社の算定よりも治療期間や休業期間が短くなったり、後遺障害等級が低く認定されたり、基礎収入が低くなったり、ということは十分あり得ます。

　特に盲点になるのが逸失利益の基礎収入です。貴社の人傷保険の約款では、契約者さんの収入が全年齢学歴系男女別の賃金センサス以下の場合、賃金センサスで基礎収入を計算することになっていますよね。一方、加害者側との裁判では若年者や主婦を除いては基本的に事故前年の実収入で計算されますから、裁判で認定される損害が人傷保険の支払額を下回るケースが出てきます。

課長　確かに……。これは見落としそうですね。逆に、こちらが加害者側の立場で人傷社から求償請求を受けた場合、逸失利益の基礎収入が賃金センサスで計算されていたら、要注意ということですね。

中堅　そのとおりです。おそらく人傷社側も悪気はないのでしょうが、そういう請求を実際に何度かみかけました。収入の算定根拠を確認して、単に「約款に基づいて賃金センサスを用いた」ということならば、実収入ベースで引き直して計算するよう指摘しないといけませんね。

課長　こうして考えると、人傷求償も結構難しくて奥が深いですね。

解　説

1　人傷社による自賠責の回収

［導入対話］での中堅弁護士の発言のとおり、人身傷害補償保険の求償については、「まず被害者が損害総額まで受領し、さらに加害者が支払うべき部分を人傷社が代位取得する」というのが鉄則である（いわゆる裁判基準差額説、最判平成24年２月20日民集66巻２号742頁）。

しかし、この「損害総額」が裁判基準で計算されるため、実際の代位の額は厳密にいえば裁判をするか、被害者・加害者・人傷社の三者で合意するまで確定できないことになる。

ここで問題になるのが、「人傷社として自賠責保険金の回収をどのタイミングで行うか」という問題である。

自賠責からの支払いは加害者からの支払いと同様に扱われる。被害者の損害総額が人傷社からの支払いよりも大きく認定された場合、なおも被害者が取得すべき部分があるということで、自賠責保険金は本来まず被害者が取得すべきということになる。

たとえば、人傷保険金を3000万円支払った場合、被害者の裁判基準損害総額も3000万円であれば、人傷社が自賠回収して問題ない。しかし、被害者の裁判基準損害総額が4000万円であれば、1000万円までは被害者が自賠責保険金を回収すべきということになる。さらに、過失割合によっても人傷社が加害者やその自賠責から回収できる金額は変わってくるため、問題はより複雑になる。

この点、被害者あるいは人傷社と加害者との訴訟等において過失割合と損害総額が確定するまで自賠回収を控えておけばよいのではないか、とも考えられるが、現在の実務はそのような運用とはなっていない。被害者が加害者に対するアクションを起こさないこともあるし、健保や労災の求償もある場合は自賠責保険金の回収は早い者勝ちの側面もあるため、回収を留保しておくわけにもいかないという事情があるのであろう。

ちなみに、被害者と加害者の訴訟の結果、本来は被害者が得るべき自賠責保険金を人傷社が回収しているということになった場合、加害者はこれを被害者への既払いと同様に損益相殺の対象として主張できるか、という問題もあるが、判例はこれを否定している（最判令和４年３月24日民集76巻３号350頁）。

そうすると、加害者は被害者には満額を支払ったうえで、人傷社に対し過剰に回収した自賠責保険金分の不当利得返還請求をする必要が生じてしまう。このような事態を避けるため、人傷社による自賠責保険金過剰回収の可能性がある場合、加害者側は人傷社に訴訟告知して訴訟参加を求め、和解の場合には人傷社の過剰回収となる自賠責保険金と同額を人傷社から被害者に支払うという処理をすることが多い。

2　事実調査と被害者（契約者）の協力の重要性

人傷社に代位が生じ、かつ被害者にもなお損害の残額がある場合は、被害者と人傷社は協力関係に立って加害者に対する請求を行えばよい。

一方、被害者の損害のすべてあるいは大部分が人傷保険金で填補され、被害者は加害者に対して請求を行わない場合、人傷社の求償請求は難しくなってくる。被害者としてはすでに自身の損害は填補されており、人傷社の求償請求のための立証活動に協力するモチベーションがないからである。特に、尋問への出頭などは難儀することが多いであろう。

人傷社としては、人傷保険金を支払う前の段階で、将来の求償も見据えて可能な限り詳細に契約者から事故状況の確認や損害の裏付け資料を求めるとともに、求償請求への協力を期待できる信頼関係を構築することが重要である。

3　人傷基準と裁判基準

人傷社からの求償請求の訴状でよくみかけるのが、人傷社が人傷基準で算定した損害額を主張したうえで、裁判基準での損害はこれを下回らないことを前提に、支払保険金額の全額について人傷社に代位が生じたとして同額を請求するものである。

このような事例の中には、過失割合が100：0になる可能性がほぼ皆無と思われる事案でも過失相殺を主張しないものも多い。これについては、本来は加害者側の抗弁である契約者側の過失についてあえて先行自白する利点に乏しい（若干の印紙代の節約になるにすぎない）という戦略的意図か、計算式を簡略化するという観点によるものと理解できる。

一方で、若年でない有職者に対し、逸失利益の基礎収入を人傷約款に従って賃金センサスから算定しているのに、その点について何の補足説明もないまま、逸失利益も含め人傷社の算定がそのまま被害者の損害であるとする訴状も散見する。こちらは請求原因のレベルで一見して不自然な計算をしていることになり、戦略的にそうしているというよりも代理人が誤解をしているように受け取られかねず、好ましいものではないだろう。

このようなケースのうちの一つにおいて、加害者側代理人の筆者が人傷社側に被害者の実収入について求釈明したところ、実際の収入は賃金センサスの半分以下であり、実収入を基礎収入として逸失利益を算定すれば人傷社の代位可能額は自賠回収済みの金額を大きく下回る計算となったことがあった。結果的にゼロ和解となったが、本来は求償訴訟の提起は不要、不当といわざるを得ないケースであった。

このような事態を防ぐためには、人傷社の代理をする弁護士において、単に人傷社の損害算定内容を鵜呑みにするのではなく、被害者自身から依頼を受けた場合と全く同様に、裁判基準の損害はどの程度と見込まれるのか、過失割合はどの程度と見込まれるのかを証拠に基づいて十分に精査し、現実的な代位可能額の見立てをしてから訴訟提起をすることが重要であろう。

Q32 弁護士委任する事案の選別はどのようにすべきか。また、交渉事案を弁護士に委任するにあたって留意すべき点はどこか

A 訴訟に発展する可能性が高いケースでは、賠償提示をする前に弁護士委任するか、少なくとも相談しておくことが望ましい。弁護士委任にあたっては、それまでの交渉資料をもれなく引き継ぐこと、契約者・相手方の双方に事前に弁護士委任の旨を十分に説明しておくことが重要である。

［導入対話］

新保　はじめまして、課長の紹介でご挨拶に伺いました、新保です。対人賠償を担当させていただいています。よろしくお願いします。

中堅　こちらこそ、よろしくお願いいたします。せっかくですから、何か聞いておきたいことはありますか。

新保　ありがとうございます。早速で恐縮ですが教えてください。今、私の事案について弁護士委任するかどうかの判断を課長がしているのですが、ゆくゆくはその判断も自分に任されるようになると思います。訴訟になった場合は当然として、弁護士の先生からみて「こういうケースは交渉段階で弁護士委任したほうがよい」という場合はありますか。

中堅　そうですね……過失割合、治療の期間、損害の評価など、判断に悩む事案はどんどん依頼や相談をいただければと思います。特に、休業損害や後遺障害の部分が大きい事案を訴訟の段階から受けた際に、「交渉段階で、提示をする前にご相談をいただけたらよかったな……」と感じることは正直結構ありますね。

新保　どういうことですか。交渉段階での提示が訴訟に影響してくるということですか。

中堅　そうです。訴訟になって、決算書などの収入資料を精査したり、

送付嘱託でカルテを取り寄せて分析してみたりすると、実際の損害額は交渉段階で考えていた金額よりもかなり低いのではないか、という話になることが少なくありません。つまり、被害者は提示が低すぎると考えて訴訟提起したけれども、実際にはそれよりもさらに低い金額が妥当ではないかという状況です。

新保　とはいえ、提示の金額で示談が成立したわけではないので、裁判になれば提示の内容は関係ないですよね。

中堅　理論的には全くそのとおりです。しかし、多くの場合、裁判では判決になる前に和解協議をします。その際、裁判所は保険会社の事前提示の内容を意識してこれにプラスアルファしたような和解案を出すことが結構あるのです。「原告はこの事前提示を蹴って裁判にしたのだから、それより低ければ和解はできないだろう」と考えるわけですね。そして、和解ができなかった場合も、一度裁判所から出した和解案と大きく違う判決は出しづらいのか、事前提示プラスアルファの判決になってしまうこともあります。

新保　そんなことがあるのですね。「裁判所は判決ならこれくらいだと考えているから、これくらいで和解してはどうか」という感じで和解案が出るのかと思っていました。

中堅　そういう裁判官もいますよ。特に、記録をしっかり検討している裁判官は、事前提示よりも低い和解案でも自信をもって和解をすすめてくることが多い印象です。ただ、そうするとやはり被害者側は和解できないということも多いです。代理人は裁判所の言うことは理解できるものの、本人を説得できず、難しい立場におかれてしまうようです。

新保　特に交渉段階から同じ代理人が受任していたら、「あの時、示談しておけばよかったじゃないか」という話になってしまいますよね……。そうなると判決にせざるを得ないのでしょうが、解決に時間がかかり、被害者・加害者双方にとってあまり良いことではないですね。

中堅　そうですね。まあ事前提示の内容が違えば必ず和解できたかといえば、わからないですけどね。被害者側としても、訴訟になってから出てくる情報もあるので、示談か訴訟かの見極めがむずかしい事案もあると思います。

新保　事前提示って思った以上に重要なものなんですね。特に高額の提示をするときは、弁護士委任も含めてより慎重に検討したいと思います。

　次に、交渉段階で弁護士委任するとなった場合に気をつけるべきことはありますか。

中堅　まず、スキャンやコピー作業が大変だとは思うのですが、資料はもれなくご提供いただけると助かります。たとえば、治療期間に争いがない事案でも治療費と既払金の一覧表はいただきたいですし、物損は示談済みで人身だけのご依頼でも双方の車両の写真や修理見積りはいただきたいと思っています。どのくらいの衝撃の事故で、どのくらいのけがをされているのか、全体像を把握しておきたいからです。

新保　わかりました……。大変ですがおっしゃるとおりなので、頑張ります。

中堅　あとは、加害者である契約者の方、相手の被害者の方、双方に弁護士委任するということを十分にご説明いただくようにお願いします。被害者の方への説明については、先般損保協会からも指摘されているところでもありますので。

新保　そうですよね。もし相手の方が「弁護士に頼むなんて認めない」という場合はどうしたらよいのでしょうか。

中堅　弁護士に委任するかどうかはあくまで加害者側の判断なので、相手の方に認めてもらう必要はありません。依頼するということを伝えていただければ、あとはこちらで対応しますので大丈夫です。

新保　ありがとうございます。契約者への説明で注意しておくことはありますか。

中堅　その事故で何が争点になっているのか、なぜ弁護士委任するのか、どのような方向での解決をめざしているのか、契約者さんと認識を共有していただきたいと思います。

たとえば、保険会社としては事故状況や相手の治療内容からして、交通事故でけがをしたとは考えておらず、お支払いを断るという方針でご依頼をいただいたとします。ところが、弁護士から契約者さんに話をしてみると、「保険に入っているのだから相手の言うままに払ってほしい」「万一示談ができずに刑事処分が重くなったらどうしてくれるのか」とおっしゃる方が稀にいます。われわれとしては、実質的な利害をもっているのは保険会社ですが、形式上はあくまで加害者である契約者さんの代理人として交渉や訴訟を行いますので、保険会社と契約者さんの意向が違うと身動きがとれなくなってしまいます。

新保　そうですよね……。相手の言うままに払ってほしいという方は確かにいます。保険対応としてそれはできないということをご説明するのですが、苦労することはあります。弁護士委任する場合には、その点を先にクリアするように努めたいと思います。

ところで、弁護士の先生としてはやはり遠方の事件だと負担が大きいですか。われわれは異動が多いものですから、遠方に転勤になっても以前からお付き合いのある先生にお願いしてよいものか、悩むことがあると聞きます。

中堅　裁判に関しては、今ではほとんどの事件がWEB会議を中心に進んでいき、裁判所に出頭するのは尋問の時だけというケースが増えています。よって、日本全国どこの弁護士にご依頼をいただいても、基本的には問題がないと思います。交渉でも、相手も弁護士委任しているならば、電話や文書でのやりとりが中心になるでしょうから、近隣である必要はあまりないと思います。一方で、被害者本人が相手で急な面談が必要になるようなケースは、遠方の事件だと身動きがとりづらいというのが正直なところです。

新保　なるほど、そうですよね。ありがとうございます。

解　説

1　弁護士委任事案の選別

訴訟になれば当然弁護士委任ということになるが、交渉事案で弁護士委任すべき事案の選別はどうすべきであろうか。

筆者の経験上は、たとえば損害額、後遺障害等級、交渉期間などで数値化した委任基準をつくっているという例は見聞せず、ケースバイケースの判断になっているように感じられる。特に損害保険会社では人事異動が多く、また災害等で突発的に多くの人員を割かれることもあり、部署内の人員体制の問題から、特段困難が生じていない事案でも弁護士委任がなされることもある。

反対に、重症事案で損害評価も難しい問題があるケースで、弁護士委任しないまま交渉が進められ、事前提示するも示談に至らず、訴訟になってから依頼となるケースも多い。その際に問題になってくるのが、［導入対話］で述べられている事前提示が和解に及ぼす影響である。極端な例では、治療費や休業損害を長期にわたり払い続けたのち、訴訟でカルテをとったところ事故とは無関係の治療がされていたことが明らかになり、慰謝料などを考慮しても過払いに陥っていたというケースも稀にある。

事前提示は、カルテが手元にない状態で行うものであるがゆえ、蓋を開けてみれば訴訟での結論は全く違っていたという事態になることも無理からぬ面がある。高額な事前提示をする前に弁護士委任をすれば、訴訟になった場合に考えられる複数の結論と比較しながら対応を検討することができるであろう。

被害者側から高額な請求があった場合についても、同様のことがいえる。交渉段階で可能な限り追加資料の提出を求めて適正な金額を検証していくべきか、訴訟移行して送付嘱託等により証拠を揃えていくべきかの判断は、訴訟経験が豊富な弁護士に委ねたほうが良いケースも多いと考える。

2 弁護士委任時の引継ぎ書類

交渉事件を受任する際、弁護士として提供いただきたい情報・資料は以下のとおりである。事案によって該当するものがないケースもあるが、一つの参考になれば幸いである。

① 交通事故証明書
② 各当事者の住所・氏名・連絡先（連絡のつきやすい時間、連絡方法等の情報があれば合わせて提供する。契約者のメールアドレスもあると委任状の取り付けがスムーズになる）
③ 双方の物損資料（車検証、事故後の写真、修理見積り、着衣写真等）
④ ドライブレコーダー映像（車両同士の事故の場合は双方のドライブレコーダーの有無を確認）
⑤ 交渉経緯（経緯をまとめたもの、および相手方とやりとりした文書）
⑥ 診断書・後遺障害診断書
⑦ 治療費関係資料（診療報酬明細書・調剤報酬明細書・施術証明書）
⑧ 治療費・既払金の一覧
⑨ 医療照会を実施している場合はその結果（回答書、レポート等）
⑩ 休業損害または逸失利益のある場合は、被害者の事故前年の源泉徴収票（または確定申告書および決算書。会社経営者の場合は会社分も提供する）
⑪ 休業損害証明書
⑫ 自賠責関係資料（後遺障害等級認定通知等）
⑬ 健保・労災等から求償請求があった場合はその通知

その他、事案によって必要となるもの・不要となるものがある。基本的にすべての手持ち資料を共有し、弁護士の側で取捨選別するのも合理的であろう。

Q33 死亡・重症事案にはどのような姿勢で臨むべきか

A 被害者や遺族の心情に寄り添いつつも、保険会社としての立場を明確にし、適正な賠償に務める。場合によっては弁護士委任をすすめる。

[導入対話]

新保 被害者の方が亡くなってしまったり、重度の後遺障害を負ってしまったケースについて、対応の難しさを感じます。

当然、保険会社としては損害を適正に算定してお支払いの話を進めていく必要がありますが、そこに至るまでの過程で対応に悩むことが多いです。すぐにお金の話をするのも心情的にどうなのかと思う反面、「早く賠償を」とおっしゃる方もいます。

中堅 これは難しい問題ですよね。結局、死亡事案だからこう、重症事案だからこう、と杓子定規に対応するのではなく、事案ごとに対応を考えていく必要があるのだと思います。死亡事案ですと、ご遺族の方から「お金の話は四十九日を待ってから」申し入れられるケースも多いと聞きます。お気持ちはわかりますし、そのご意向は尊重すべきではないかと思います。

逆に「早く賠償を」と要望される場合でも、事故状況がはっきりしなければ、過失割合の判断ができないということになると思います。特に重症や死亡の事案の場合、刑事事件が正式裁判まで進むことも多く、そうなると刑事記録が取り付けできるのがかなり先になってしまいます。過失割合に争いのなさそうな事案や、ドライブレコーダーがある事案ならば刑事記録を待たずに解決することもできるでしょうが、そうでない場合は、刑事記録を取り付けての判断としたいことを十分に説明するしかないと思います。

新保 特に死亡事案だと、ご遺族の中で早く解決して前に進みたいという方と、被害感情が強く訴訟をしたいという方でかなり温度差があったりして、お話が進まないこともあります。これはどうしたらよいでしょうか。

中堅　そうですね。法律論でいえば、損害賠償請求権は遺産分割協議をしなくても各相続人が法定相続分に応じて相続しますので、一部の方とだけ示談するということもあり得ます。ただ、ご遺族の中で解決内容がまちまちになってしまうのは好ましくないですし、自賠責保険金の回収を考えても基本的には相続人全員との示談が必要ですから、ご遺族の足並みが揃わないと示談は難しいことをご説明することになると思います。

実際には、被害感情の強い方の意見に合わせて、相続人の皆様が原告になって訴訟提起されることが多い印象です。訴訟で和解や判決になれば、自賠責の算定基準に拘束されずに3000万円までは自賠責で填補できるのが通常なので、訴訟のほうがご遺族の方にとって良い解決ができる可能性が高いということもあるかもしれません。

新保　確かに、自賠責で支払える枠が大きくなれば、保険会社としても和解の判断はしやすくなりますね。

また、重症事案については、できる限り被害者の方の生活に支障がないようにと考えるのですが、治療が４年、５年とかかるようなケースもあったりして、その間治療費だけでなく休業損害も支払っていると、支払いがかなり高額になっていき、不安を感じることがあります。

中堅　そうですね。重症事案だと仕事ができなくなっていることも多いでしょうから、治療費だけでなく休業損害の内払いも必要になりますし、それ以外にも装具や自宅の改装など、軽症の事案では出てこないような損害が発生するので、そのつど判断が必要になりますよね。

ただ、大前提として、「重症事案＝治療期間が長期化する」とは必ずしもいえないと思います。重篤な症状が残っているとして、それは後遺障害と評価すべき段階であることも多く、症状固定までに４年、５年という事例は稀だと思います。

私も、５年ほど治療費と休業損害を支払った後で訴訟からお引き受けをして、訴訟でカルテをとってみたら、１年ないし２年くらいで客観的には症状固定と評価すべきケースで、その後に支払った治療費や休業損害を差し引くとむしろ過払いになっていたというケースもありました。

新保　怖いですね……。そのような事態を防ぐには、どうしたらよいのでしょうか。

中堅　重症事案では他の事案以上に、入通院先への医療調査をしっかりやることだと思います。現在の症状はどうなのか、どのような治療をしているのか、今後の治療はどのような計画なのか、できるだけこまめに医療機関へ確認することが重要だと思います。

また、誤解されがちなのですが「症状固定」というのはあくまで賠償上の概念で医学用語ではありません。医師は何をもって「症状固定」というのか理解していないこともあります。ですから、医療調査の結果を踏まえて顧問医等に相談して、症状固定のタイミングをいつと評価するのが適切か、意見を求めることも必要になると思います。

新保　こちらとしてはすでに症状固定に至っていると考えた場合、治療費の一括払いも休業損害の内払いも終了する、ということになるわけですよね。どのように説明すれば理解が得られるのか、なかなか対応が難しそうです。

中堅　令和４年に、一般社団法人日本損害保険協会から、「損害保険の保険金支払いに関するガイドライン」の改訂版と、交通事故被害者対応のハンドブックが出ています。ご覧になりましたか。

新保　はい、確認しました。ただ、個別の事案で実際の対応をどうするかを判断するのが、なかなか難しいなという印象です。ガイドラインやハンドブックでは、被害者側の心情に寄り添い、傾聴し、丁寧に説明する、ということが強調されていますが……。

中堅　そうですよね。もちろん、特に死亡事案や重症事案では、初動の段階ではお気持ちを伺い、心情に寄り添うということはとても重要だと思います。賠償提示についても、確かにしっかりと調査をして、算定の理由を丁寧に説明することは重要だと思います。これは今回のガイドラインの改訂で実務が変わるということではなく、当然にやるべきことが明記されたにすぎないと思います。

ただ、「丁寧に説明をする」といっても、損害賠償というのは非常に複雑で、判断する人によって結論が大きく変わるような部分も多く、絶対的に正しい答えが一つに決まるような話ではないのですよね。保険会社はあくまで保険会社の目線からの考えをお伝えすることになるわけですが、被害者の方には別の立場がありますから、丁寧に説明すれば必ず納得してもらえるという性質の話ではないと思います。特に、症状固定の時期については微妙な判断になることも多いと思います。

新保　なるほど……。難しい立ち位置になってしまいますよね。

中堅　お伝えしているのはあくまでこちらの見解であって、双方の見解に相違がある場合には最終的には裁判所等の第三者が決めることである、ということはお伝えしてよいと思います。

また、これは交通事故に限らないことですが、権利実現のためのサポートは被害者の方との利害対立のない第三者、できれば専門家がすべきことであると私は思います。その意味で、重症事案や死亡事案にもかかわらず弁護士委任されていない被害者の方には、弁護士委任をおすすめするというのも、フェアな解決策の一つではないかと思います。

新保　確かに最近は弁護士費用特約が使えるケースも多いですし、そうでない場合でも重症や死亡の場合は費用が発生しても弁護士委任したほうが良いケースが多そうですよね。

中堅　結局、弁護士が急激に増えたにもかかわらず、本当に必要な人に弁護士のサポートが届いていないことが問題の本質であるように思います。

また、弁護士が受任しているにもかかわらず、自賠責、労災、介護保険、障害年金といった部分について十分な対応ができていない事案や、こうした給付について訴状の損益相殺の計算等で間違った処理をしている例も見受けられます。弁護士の側でもっと研鑽を積み、被害者の方にとって本当の意味で頼れる存在になれるように努めていかなければならないと思います。

解　説

1　自賠責の支払基準と訴訟基準

死亡事案における自賠責保険金の上限は3000万円である。しかし、自賠責の支払基準では、慰謝料が本人分400万円、遺族分（父母・配偶者・子）は遺族一人の場合は550万円、二人の場合は650万円、三人以上の場合は750万円と、訴訟基準（赤い本基準）に比べて相当低額になっている。そのため、逸失利益の小さい事案（高齢者の場合等）では訴訟外での解決となると自賠責保険金が3000万円に満たないケースが多い。

一方、こうした事案が訴訟に発展した場合、裁判所の認定した範囲で、3000万円までは自賠責保険からの回収が可能となる。自賠責の支払基準はあくまで損害保険会社が訴訟外で保険金を支払う場合の基準にすぎず、裁判所はこの基準に拘束されないからである（最判平成18年3月30日民集60巻3号1242頁参照）。

実務的には、被害者が自賠責保険会社を被告とせず、かつ加害者側から自賠責保険会社への訴訟告知を行っていなくても、裁判所の認定に特段不合理な点のない限り、判決や裁判所和解案に従って死亡分の自賠責保険金が支払われているようである。

したがって、逸失利益が少額で、かつ被害者側の過失が小さい事案においては、訴訟による解決が加害者・被害者の双方にとって合理的な場合が多い。加害者側保険会社の担当者としても、交渉と訴訟とで自賠責からの回収可能額に大きな相違が生じうることを念頭においておくべきであろう。

2　死亡・重症事案における被害者対応の指針

令和４年、「関東交通犯罪遺族の会（あいの会）」が金融庁および一般社団法人日本損害保険協会に提出した意見書を契機として、交通事故被害者に対する精神的二次被害の問題がクローズアップされることとなった。

これを受け、一般社団法人日本損害保険協会は、令和４年９月に「損害保険の保険金支払いに関するガイドライン」〈https://www.sonpo.or.jp/about/guideline/ev7otb0000000cjp-att/shiharai_guideline.pdf〉を改訂し、同年12月には交通事故被害者対応に関するハンドブックが作成された。

ここで強調されていることは、被害者や遺族の心情に寄り添うことと、賠償の算定根拠等について丁寧な説明を心がけることである。

担当者としては、まず事案の理解に不足がないように徹底した検討をしたうえで、共感性をもって被害者側の意見を聞きながらも、保険会社としての見解を明確に説明し、被害者側の見解との相違点はどこにあるのかを示したうえで、示談を選択するか訴訟等の手段を選ぶのかの判断を被害者側に委ねるという姿勢が重要であろう。

Q34 クレーム事案、長期放置事案にはどのような姿勢で臨むべきか

A クレーム事案については毅然とした対応をし、その経過をもれなく文書化し、文書での回答も検討する。場合によっては弁護士委任、債務不存在確認請求を検討する。長期放置事案についても、対応が必要であれば債務存在確認請求を視野に過程を記録化する。

［導入対話］

新保　日々の事故対応の中で困るのが、契約者や保険会社に１日に何度も執拗に連絡して「誠意を見せろ」「体を戻せ」等と言ってきたり、「ヤクザが知り合いにいる」「ぶっ殺す」など脅迫的な発言をしてくる相手です。昔よりは減ったらしいのですが、今でも一定数はそういう方がいます。どのように対処したらよいのでしょうか。

中堅　まず、「冷静に話し合いができないなら示談はできない、すなわち訴訟外で賠償金をお支払いできない」ということをわかっていただくことが重要だと思います。こちらは個人の財布から気分でお金を出せるわけではなくて、会社として、仕事としてやっているので、担当者を脅したり嫌がらせをしたからといって、受け取る金額が増えるわけではないということです。

新保　確かにそうですね。それでも聞く耳をもたない相手にはどうしたらよいでしょうか。

中堅　発言が「ヤクザが知り合いにいる」「ぶっ殺す」というところまでエスカレートしているなら、資料を揃えて警察に相談すべきだと思います。そこまでではないけれど何度も連絡してきて仕事が妨害されているほどであれば、電話は取り次がず、文書でのみ対応するということでもよいと思います。相手への連絡や交渉経緯をしっかり文書で残しておくことが大変重要です。

新保　弁護士委任すれば、こういったことはおさまるものでしょうか。

何か委任する際の注意点はありますか。

中堅　経験的にはケースバイケースですね。弁護士は大抵、相手の方に対して「根拠のないものはお支払いできません」というスタンスをとります。それで弁護士にずっと執拗に連絡してくる方は少ない印象です。「それなら裁判をするしかない」「自分も弁護士委任しよう」となればよいのですが、弁護士に言っても無駄だということで、何度言っても保険会社や契約者さんにまた連絡をするというパターンもあります。

新保　ありますね……。

中堅　それで契約者さんから「なぜうちに連絡が来るんだ」とこちらにクレームを言われることもありますが、弁護士委任をしたからといって相手が契約者に連絡してくることを物理的に止めることはできません。また、「連絡がこないように相手の言うとおり払ってくれ」と言われたこともありますが、適正な賠償の範囲を超えて相手の言い値で払って解決したいならば、保険を使うのではなくご自身で払っていただく必要があります。

保険を使う以上は、適正な賠償となるように契約者さんにも協力していただく必要があるという点をご理解いただけないと、ご依頼をいただいても対処のしようがないというのが正直なところです。

新保　確かにそうですよね……。私たちもお客様の顔色を気にしてしまう面はありますが、私たちにできることとできないことは明確にしなければいけませんね。

中堅　そうですね。また、このようにいわば相手方への抑止力として弁護士に期待するのであれば、遠方の弁護士には頼まないことだと思います。以前ご相談いただいた事案で、「相手方が契約者の店舗に毎日来て困っているので依頼をしたい」というお話がありましたが、その契約者の店舗は私の事務所から新幹線を使っても2時間以上かかるような場所でした。相手の受け止め方からしても、それではあまり抑止力にならないでしょうね。

新保　なるほど……。それから、逆に相手があまりにも何も言ってこないケースも困ります。治療中は連絡がつくのですが、治療が終わってこちらから賠償の提示をしても全く返答がないという事案が多く、解決できず溜まっていってしまいます。

中堅　弁護士の目線でいうと、請求のないものを無理に払う必要はないので、何度か連絡しても請求のないものはそのままにして、社内的には消滅時効の時期まで待つなどして終了扱いにしてはどうかと思います。でも、保険会社的にはあまり好まれないようですね。何か月、何回連絡して応答がなければ終了扱い、というルールをつくっているところもありますよね。

新保　そうですね。ただ、特に損害が大きめの事案、ある程度お支払いしないといけない事案で、連絡がないということで処理してしまうのはためらわれる部分もあります。最近では、相手に弁護士が入っている事案で、その弁護士と何年も音信不通になってしまう事案も多いのが実情です。こちらが心配するのも変かもしれませんが、被害者ご本人にはどのように説明しているのだろうか……と不安になります。

中堅　多いですよね。私もそれでよくご依頼をいただきますが、私から相手弁護士に連絡しても返事がなく、電話をしてもいつも不在で、折り返しもいただけないことがたくさんあります。

相手に弁護士が入っていると、ルール上私から本人に連絡することもできないのですが、場合によっては、「まず委任が続いているのかだけでも○月○日までに回答してほしい、回答がない場合にはやむを得ず本人に連絡します」と通知したら、ようやく連絡が来たというケースも結構あります。

最終手段として、時効で終わらせることに抵抗がある場合は、債務不存在確認請求訴訟を提起するという方法もありますね。

新保　先ほどのクレーマーのような事案でも債務不存在確認という話がありましたが、これは保険会社や契約者の判断で自由にできるものなのでしょうか。

中堅　法律的にいいますと「確認の利益」という要件が問題になってきます。被害者としては症状固定前と考えている段階で、交渉をせずあまり早く債務不存在確認請求訴訟を提起すると、確認の利益が否定されることがありますが、最近ではそのような例は減っている印象です。

新保　債務不存在確認請求訴訟を提起した後の流れはどうなるのでしょうか。

中堅　加害者側からは、刑事記録やカルテの取り付けを行って、過失がない、あるいは損害がないということの主張立証を肉付けしていくことになります。

被害者側は、症状固定していること自体は争わないならば反訴として損害賠償請求訴訟を提起し、あとは通常の損害賠償請求訴訟と同じように進んでいきます。

まだ治療を続けている場合は、当面は過失や物損など先にできる議論を進めて治療終了を待ち、後遺障害申請をされるなら自賠責の判断も待つ、という展開になることが多いです。期日を入れるペースも２か月に１回くらいに落として様子をみますが、間延びしてしまう感は否めないですね。それでも、訴えを起こさずにひたすらに静観しているよりは、スムーズに解決できる結果になることが多いと思います。

新保　なるほど。事案によっては、こちらから債務不存在確認請求訴訟をしたほうが良いケースもありそうですね。勉強になりました。

解　説

1 交渉過程を文書化することの重要性

保険会社の担当者やタクシー会社等の事故担当者は、被害者側からの強烈なクレームに晒されることがある。相手方からの執拗な連絡を受けて精神的に疲弊してしまい、場合によっては休職・退職してしまう担当者の方も少なくないように感じる。

弁護士の目線でいえば、そのような事案では相手の主張を当然一度は傾聴するが、そのうえでこちら側が払えない理由をしっかりと説明し、その後は相手から執拗に連絡が来ても対応をせず訴訟提起を促せばよいと考えてしまうところであるが、保険会社としてはそうもいかない事情があるようである。

このような事案では、電話でやりとりした内容を文書にして相手に送っておくこと、すなわち相手の主張とこちらの考えを文書で説明し、今後同様の議論は行わないことを通知しておいたほうが良いケースが多いと思われる。これにより、「言った・言わない」の議論になることや、同じ話を堂々めぐりのように繰り返すことをある程度回避できる。

文書化することでより軋轢を生むのではないかと懸念する方や、定まった書式がない中で長い文書を書くことに苦手意識がある方も多いようであるが、たとえば相手方に脅迫的な言動がある場合には、「毎日のように脅されて困っています」というのではなく、「何月何日の何時に電話があり、○○という発言があった」という点が客観的にわかるように記録化し、かつ相手に対しても同様の行為をしないよう通知したことを文書で残しておいたほうがよい。こうした記録は、弁護士に委任して債務不存在確認訴訟をする際の証拠となり、さらにあまりにも業務への支障が大きい場合や脅迫めいた言動が多い場合には、警察の協力を得るための資料にもなりうるからである。

2 債務不存在確認請求訴訟

上述のようなクレーム事案、受傷疑義の事案や、被害者側との連絡が滞り長期にわたり停滞している事案を解決する最終手段といえるものが、債務不存在確認請求訴訟である。

これは、加害者側が主導して紛争解決の舞台を訴訟に移すというものであり、特に被害者が治療継続中の提訴については、その是非について議論がある。裁判例でも、損害が流動的ないし未確定の状態で訴訟提起がなされた場合等に「確認の利益」を欠くとして訴えが却下されうると示したものがある（東京地判平成９年７月24日判タ958号241頁。なお、当該事例では結論として確認の利益が肯定されている）。

この点、赤い本〔令和２年版〕下巻掲載の「債務不存在確認請求訴訟を巡る諸問題について」（中直也・37頁以下）によると、「昭和の終わり頃は、大阪地裁で民事交通事件における債務不存在確認請求訴訟の割合が激増して３割を超えた」とのことであり、この頃以降に確認の利益に関する議論が盛んになったとされている。また、近時の傾向として、平成26年以降令和元年までの東京地方裁判所民事27部（交通専門部）における債務不存在確認請求事件の割合は８～10％程度であり、特に最近は事故から１年以内に提訴されるものが増えており、そのほとんどは人身事故で、特にいわゆるむち打ち事案が５割弱を占めるとされている。これに対する裁判所の判断については、「当部で確認した限りでは、確認の利益がない、あるいは訴えの提起が権利の濫用に当たるなどとして訴えが却下された例は見当たりませんでした」「確認の利益を争いつつ、合わせて本案に係る主張立証の準備も行い、裁判所もそれを待って、本案についての解決が図られています」とされている。

つまり、少なくとも近時の東京地方裁判所の交通部の運用としては、原則として確認の利益を欠くことを理由に門前払いはしていないということのようである（ただし、訴え却下に至る前に裁判所が訴えの取下げを打診し、加害者側がこれに応じた例はあるのではないかと推測する）。

したがって、加害者側の立場とすれば、被害者側が治療を継続している場合でも、客観的にみて症状固定に至っていると考えられる事案については、債務不存在確認請求訴訟を提起し、文書送付嘱託によるカルテの取り付け等によってすでに症状固定していることを立証していくという選択肢が考えられる。被害者側（代理人弁護士も含む）の動きがあまりにも長く滞っている事案や、治療が終了しても結局は訴外での解決は困難と考えられる事案では、早期解決のための手段として十分に検討に値するであろう。

〈資料〉 赤い本下巻（講演録）テーマ一覧

講演者	講演テーマ
2000（平成12年）版	
村山浩昭	後遺障害発生後死亡事案の逸失利益
渡邉和義	高速道路上における事故車両の後続事故に関する責任
山崎秀尚	リース・割賦販売と損害の範囲
馬場純夫	交通事故と医療過誤の競合と寄与度減責の可否
大内健資	医療機関向け解説書の概要について――後遺障害等級認定に必要な医療情報
2001（平成13年）版	
村山浩昭	異時衝突事故により修理代の合計額が車両価格を超えた場合の損害額
渡邉和義	休業損害をめぐる二、三の問題について
山崎秀尚	醜状痕を理由とする後遺障害慰謝料及び醜状痕が残った男性被害者の後遺障害の評価
馬場純夫	三者関与事故の過失割合
影浦直人	交通事故の被害者の自殺と因果関係の判断
来司直美	【運転補助者該当性の判断基準】～『運行』概念の拡大と『運転補助者』概念の縮小～
山中唯志	最近の損害保険業界の動きについて
2002（平成14年）版	
村山浩昭	事故後の親族関係の異動と生活費控除率等への影響

渡邉和義	労災保険給付がある場合における損害の填補額の計算（第三者行為災害事例）
鈴木順子	内縁配偶者と相続人の損害賠償請求権の関係
影浦直人	評価損をめぐる問題点
片岡　武	駐車車両等に衝突した運転者の過失割合
来司直美	交通事故による損害賠償請求権の消滅時効の起算点について
八島宏平	自動車損害賠償保障法改正に伴う損害調査業務について
2003（平成15年）版	
松本利幸	同乗減額と共同不法行為
鈴木順子	家事労働の逸失利益性
本田　晃	逸失利益の現価算定の基準時
片岡　武	東洋医学による施術費
来司直美	代車使用の認められる相当期間
石田憲一	高速道路における停車車両の過失相殺
平林　洌	後遺障害等級認定にかかわる医学的基礎知識
2004（平成16年）版	
松本利幸	間接損害――直接被害者の近親者の損害
髙取真理子	重度後遺障害に伴う諸問題～将来の介護費用を中心として
本田　晃	交通損害賠償訴訟における PTSD
片岡　武	労働能力喪失率の認定について
森　　剛	休車損害の要件及び算定方法
石田憲一	定期金賠償の動向

上山　勝	わが国における交通事故再現の現状と今後の課題
2005（平成17年）版	
松本利幸	会社役員の休業損害・逸失利益
高取真理子	慰謝料増額事由
本田　晃	高次脳機能障害の要件と損害評価
瀬戸啓子	労働能力喪失の認定について
桃崎　剛	歩行者が加害者となった場合の過失相殺
蛭川明彦	改造車における修理費用及び車両価格の算定
川井　真	高度救急救命治療の実際
2006（平成18年）版	
湯川浩昭	事業者の基礎収入の認定
高取真理子	RSD（反射性交換神経性ジストロフィー）について
小林邦夫	代車の必要性
桃崎　剛	交通事故訴訟における共同不法行為と過失相殺
浅岡千香子	加重障害と損害額の算定
蛭川明彦	労働能力喪失の認定について
守谷悦男	核医学とは何か～画像から何がわかるのか～
2007（平成19年）版	
湯川浩昭	レンタカー同乗者の『運行供用者性』及び『他人性』について
中園浩一郎	非接触事故における過失相殺
小林邦夫	むち打ち症以外の原因による後遺障害等級12級又は14級に該当する神経症状と労働能力喪失期間

齊藤　顕	逸失利益の算定における賃金センサス
桃崎　剛	人身傷害補償保険をめぐる諸問題
浅岡千香子	損害算定における中間利息控除の基準時
蛭川明彦	後遺障害等級３級以下に相当する後遺障害を有する者に係る介護費用及び家屋改造費について
有田英子	痛みとは～痛みのメカニズムとその種類～
2008（平成20年）版	
中園浩一郎	減収がない場合における逸失利益の認定
浅岡千香子	物損に関連する慰謝料
齊藤　顕	交通事故訴訟における共同不法行為
小林邦夫	12級又は14級の後遺障害等級において労働能力喪失率表より高い喪失率が認められる場合
湯川浩昭	施設入所中の重度後遺障害者の損害算定に関する諸問題
堀野定雄	映像記録型ドライブレコーダーを活用した事故分析と交通安全
2009（平成21年）版	
齊藤　顕	飲酒運転をめぐる関係者の損害賠償責任
中辻雄一朗	生活費控除を巡る問題
鈴木祐治	素因減額
小野瀬昭	過失相殺に関する若干の問題点について～ ETC 車線における追突事故と過失相殺・非常点滅表示灯の使用の有無と過失相殺～
加藤義治	下肢骨折の形態と機能障害、その問題点

2010（平成22年）版	
千葉和則	後遺障害と消滅時効・除斥期間について
鈴木正弘	横断自転車と左折四輪車との衝突事故における過失相殺
飯畑勝之	被害者側の過失
山田智子	子の自動車事故と親の運行供用者責任
中辻雄一朗	共同運行供用者と他人性
八木一夫	自賠責保険における被害者保護制度について
2011（平成23年）版	
山田智子	重度後遺障害の将来介護費の算定に関する諸問題～職業付添人による介護を中心として
鈴木尚久	外貌の醜状障害による逸失利益に関する近時の裁判実務上の取扱いについて
小野瀬昭	駐車場内における事故の過失相殺について
森　健二	人身傷害補償保険金と自賠責保険金の代位について
松本守雄	頚椎加齢性疾患と頚部損傷
2012（平成24年）版	
小河原寧	交通事故の被害者に成年後見人が選任された場合に伴う諸問題
川﨑直也	退職金差額請求について
小西慶一	緊急自動車が当事車両となる交通事故の過失相殺について
三木素子	人身傷害補償保険金の支払による保険代位をめぐる諸問題
川俣貴一	外傷による脳損傷の基礎知識

2013（平成25年）版	
高木健司	症状固定について
有冨正剛	CRPS（RSD）の後遺症による損害の額の算定について
小林邦夫	特殊な職業と後遺障害による逸失利益
小河原寧	定期金賠償判決に伴う諸問題
古川　修	先進安全自動車の開発からみた交通事故
2014（平成26年）版	
古市文孝	運転者の疾患による責任無能力と賠償義務
松本　真	赤字事業を営む経営者の休業損害と逸失利益の算定における基礎収入額
小河原寧	高齢者の損害算定に伴う諸問題
波多野紀夫	自転車同士の事故の過失相殺
堀川直史	交通事故に関係する精神医学的問題
2015（平成27年）版	
村主隆行	責任能力の有無が微妙な年齢の未成年者が自転車事故を起こした場合の親権者の損害賠償責任
中村修輔	運行供用者責任（バス乗降中の事故）
俣木泰治	オープン・エンド方式のオペレーティング・リース契約を中途解約した場合、ユーザーが負担する中途解約違約金について
松川まゆみ	映像記録型ドライブレコーダーに記録された情報と交通損害賠償訴訟における立証
酒本九十九	交通鑑識活動による事案の解明について

2016（平成28年）版	
神谷善英	時間的、場所的に近接しない複数の事故により同一部位を受傷した場合における民法719条1項後段の適用の可否等
向井宣人	後部座席シートベルト、チャイルドシート不装着の場合における過失相殺
家入美香	入院付添費について
朝妻孝仁	胸・腰椎の疾患と外傷
2017（平成29年）版	
磯尾俊明	被害者死亡の場合における近親者固有の慰謝料
川原田貴弘	物損（所有者でない者からの損害賠償請求）について
山﨑克人	心因的要因を理由とする減額
川合雅信＝齋藤正利	自動車の構造と修理技法
2018（平成30年）版	
影山智彦	女子年少者の逸失利益算定における基礎収入について
吉岡　透	整骨院における施術費について
武富一晃	給与所得者の休業損害を算定する上での問題点
池上博泰	肩関節～腱板断裂を中心に～
2019（平成31年・令和元年）版	
石井義規	全損事故における損害概念及び賠償者代位との関係
豊島英征	賃金センサスによる基礎収入額認定上の問題点
野々山優子	非器質性精神障害をめぐる問題

横田道明	労災保険における障害認定実務と第三者行為災害
2020（令和２年）版	
鈴木秀雄	後遺障害等級３級以下の場合の将来介護費
中　直也	債務不存在確認請求訴訟をめぐる諸問題について
綿貫義昌	外貌醜状に関する逸失利益、慰謝料をめぐる諸問題
前田芳人	民事交通訴訟における債権法改正の影響
小林一女	耳の後遺障害について
2021（令和３年）版	
川﨑博司	盗難車両と車両所有者の責任
齊藤恒久	重度後遺障害の将来介護費の算定に関する諸問題～施設関係費用、介護保険給付の扱いを中心に
小沼日加利	脊柱変形の障害による労働能力の喪失について
田野井蔵人	間接損害（従業員が死傷した場合の会社の損害）
2022（令和４年）版	
島﨑卓二	後遺障害逸失利益について定期金賠償方式が認められる事案～最判令和２年７月９日（民集74巻４号1204頁）の射程～
久保雅志	減収がない場合の消極損害（休業損害及び逸失利益）
今村あゆみ	代車費用に関する諸問題（①将来の代車費用，②相当な代車費用の範囲等）
林　漢瑛	非接触事故の過失割合について
2023（令和５年）版	
平山　馨	いわゆる人傷一括払における代位に関する協定の効力

〈資料〉 赤い本下巻（講演録）テーマ一覧

大瀧泰平	高次脳機能障害の等級認定
戸取謙治	受傷の有無が争点となる事案について
千葉健一	特殊車両の休車損害など

著者略歴

松浦　裕介（まつうら・ゆうすけ）

経歴

2003年３月　早稲田大学法学部卒業

2003年11月　司法試験合格

2004年４月　最高裁判所司法研修所入所

2005年10月　朝日中央綜合法律事務所入所

2007年７月　日本テレビ放送網株式会社入社

2008年１月　クレオール日比谷法律事務所入所

2012年１月　日比谷南法律事務所開設

2015年８月　京橋総合法律事務所開設

著書

『事例に学ぶ建物明渡事件入門〔第２版〕』（共著、民事法研究会・2022年）／『Q&A 高次脳機能障害の交通事故損害賠償実務―医学知識、自賠責・労災認定、判例分析』（編著、ぎょうせい・2020年）／『事例に学ぶ損害賠償事件入門』（共著、民事法研究会・2018年）／『事例に学ぶ労働事件入門』（共著、民事法研究会・2016年）／『事例に学ぶ相続事件入門』（共著、民事法研究会・2015年）／『行政許認可の実務と書式』（共著、民事法研究会・2010年）／『中小企業のための再建・清算・整理の手法』（共著、大蔵財務協会・2007年）

岩本　結衣（いわもと・ゆい）

経歴

2014年３月　同志社大学法学部卒業

2016年３月　京都大学法科大学院卒業

2016年９月　司法試験合格

2016年12月　最高裁判所司法研修所入所

2017年12月　京橋総合法律事務所入所

著書

『事例に学ぶ建物明渡事件入門〔第２版〕』（共著、民事法研究会・2022年）／『Q&A 高次脳機能障害の交通事故損害賠償実務－医学知識、自賠責・労災認定、判例分析』（共著、ぎょうせい・2020年）

加害者側弁護士、損保社員、事故担当者のための

交通事故損害賠償入門

令和５年12月30日　第１刷発行

著　者　松浦裕介　岩本結衣

発　行　株式会社ぎょうせい

〒136-8575　東京都江東区新木場1-18-11
URL：https://gyosei.jp

フリーコール　0120-953-431
ぎょうせい　お問い合わせ　検索　https://gyosei.jp/inquiry/

〈検印省略〉

印刷　ぎょうせいデジタル株式会社

ISBN978-4-324-11371-4
(5108927-00-000)
〔略号：交通損害〕